Edgar Kupfer-Koberwitz

Die Tierbrüder

Eine Betrachtung zum ethischen Leben

Höcker Verlag

Verlagsanschrift (Neuauflage)	Bernd Höcker Verlag Lutterothstr. 54 20255 Hamburg
Druck	Druckerei Steinmeier Gewerbepark 6 86738 Deiningen
Auflage	**Neuauflage im Höcker Verlag November 2010 und April 2014**
Internet	**www.veggiswelt.de**
ISBN	978-3-9811760-5-6

Das Buch war viele Jahre nicht mehr im Handel zu haben. Ich danke nun dem Hirthammer Verlag, dass ich die Lizenz für eine Neuauflage erhalten habe. Dank auch an den Verein Bildung und Mensch e.V., (www.bildung-und-mensch.de) für die Unterstützung bei der Verbreitung des Buches.

WANDA PETTER

gewidmet

und meinen Tierbrüdern

„Menschen? - Das sind die wilden Tiere,
die so zahm tun -" sagte der Fuchs. -

> Und es heißt, dass Pythagoras einmal vorbeiging, wie ein Hund misshandelt wurde. Da soll er Mitgefühl empfunden und dieses Wort gesprochen haben: „Hör' auf mit deinem Schlagen, denn es ist ja die Seele eines Freundes, die ich erkannte, als ich seine Stimme hörte". (Diels, Fragmente der Versokratiker, Xenophanes-fragm.)

Wenn wir im Tier den Bruder sehen werden,
wird viele Härte und viel Irrtum weichen,
und es wird heller auf der Erde werden,
weil wir der Güte Licht vom Himmel reichen.

Mein Lieber!

Wie soll ich beginnen, Dir das zu sagen, was ich möchte? Es ist schwer, und ich weiß fast keinen Anfang.

Und doch will ich mich mühen, will versuchen, Dir zuerst umfassend meine Gedanken mitzuteilen, ehe ich auf das einzelne eingehe:

Ich glaube, solange man Tiere tötet und quält, wird man Menschen töten und quälen - solange wird es Kriege geben -, denn das Töten will geübt und gelernt sein im kleinen, innerlich wie äußerlich.

Solange es noch Tiere in Käfigen gibt, solange wird es auch noch Gefängnisse geben - denn das Einsperren will geübt und gelernt sein, im kleinen, innerlich wie äußerlich.

Solange es noch Tier-Sklaven gibt, solange wird es noch Menschen-Sklaven geben - denn das Sklavenhalten will gelernt und geübt sein, im kleinen -, innerlich wie äußerlich.

Ich finde es unnötig, sich über das zu entsetzen was andere an geringen oder großen Greueln und Grausamkeiten tun, aber ich finde es sehr nötig, dass wir beginnen, uns da zu entsetzen, wo wir selbst im großen oder im kleinen noch grausam handeln. Weil es leichter ist, das Kleine zu erringen als das Große, so denke ich, wir sollten versuchen, unserer kleinen gedankenlosen Grausamkeiten Herr zu werden, sie zu vermeiden oder besser noch: sie zu unterlassen. Dann wird es uns eines Tages nicht schwerfallen, auch unsere großen Herzlosigkeiten zu bekämpfen und zu besiegen.

Aber wir alle schlafen noch im Herkömmlichen. Das Herkömmliche ist wie eine schmackhafte, fettige Soße, die uns die eigenen selbstsüchtigen Gefühllosigkeiten schlucken lässt, ohne dass wir ihren bitteren Geschmack verspüren.

Doch will ich nicht mit Fingern deuten auf den und die - nein, ich will mich selber wach machen im kleinen und beginnen, verständiger, hilfreicher und besser zu werden. Warum sollte es mir dann später nicht auch im großen gelingen? Siehst Du, das ist es: ich möchte hineinwachsen, hineinleben in eine schönere Welt mit höheren, beglückenderen Gesetzen, mit dem göttlichen Gesetze aller Zukunft: alles zu lieben.

Du fragst mich, warum ich kein Fleisch esse, und Du vermutest die verschiedensten Gründe zu dieser Unterlassung. Du meinst, ich habe mir vielleicht ein Gelübde auferlegt - wie eine Art Buße -, mir keinen der herrlichen Fleischgenüsse mehr zu gestatten. Du gedenkst dabei des saftigen Bratens, der herrlichen Tischplatte, der wunderbar schmeckenden Soße, des köstlichen geräucherten Schinkens, der Zartheit des Geflügels und der tausend verschiedenen Herrlichkeiten aus Fleisch, die das Entzücken von Millionen Gaumen sind. Da ich aber nun all diese Köstlichkeiten freiwillig verschmähe, meinst Du, dass nur eine Buße, ein Gelübde, ein großes Opfer mich bewegen könne, dieser Art des Lebensgenusses zu entsagen. Dann wieder fragst Du Dich, ob nicht vielleicht moderne Ärzte mich davon überzeugten, dass der Genuss von Fleisch nicht sehr gesund sei, dass eine rein pflanzliche Kost den menschlichen Körper elastischer erhalte, ihn verjünge, ja vielleicht sogar das menschliche Leben verlängere. Mein Lieber - ich kümmere mich nicht viel um das, was die Ärzte sagen, denn auch ihre Erkenntnisse sind - wie alle Erkenntnisse - einem häufigen Wandel unterworfen. Vielleicht haben sie recht. Vielleicht ist eine pflanzliche Nahrung dem Körper des Menschen zuträglicher, vielleicht aber haben auch die anderen Ärzte recht, die behaupten, dass nicht alle Menschen nur pflanzliche Kost vertragen. Ich glaube das letztere sogar selbst, denn sehr viele Menschen sind noch wie Raubtiere in all ihrem Gebaren, in ihren Instinkten, ja selbst in ihrem Fühlen.

Jene Ärzte sagen auch, dass im Fleisch schon ein vollkommeneres, konzentrierteres Produkt vorliege, da die Pflanzen, vom Tiere verzehrt, nun im Fleisch schon zubereitet enthalten seien und der menschliche Magen die Arbeit der Pflanzenverdauung nicht mehr zu leisten brauche. Statt einer großen Menge vieler Pflanzen würde es also genügen, ein verhältnismäßig kleines Stück Fleisch zu essen.

Auch das erscheint mir sehr wahrscheinlich, trotzdem ich zu wissen glaube, dass der Mensch, auch der fleischessende, nicht ganz ohne den Genus von Pflanzen und Früchten leben könnte, wogegen sehr viele Menschen ohne Fleisch lebten und leben. War doch den Priestern alter heiliger Religionen der Genuss des Fleisches verboten, da er niedere Instinkte wecke und höheren Erkenntnissen den Weg verschließe.

Aber all diese Meinungen der Ärzte üben keinerlei Einfluss auf meine Ernährungsweise aus, sie interessieren mich nur, wie mich alles Denken interessiert, und ich würde nicht wagen, zu entscheiden, welche der beiden Richtungen recht hat. Mein Gefühl allerdings sagt mir: jede der beiden - bis zu einem gewissen Grade. Jede wird einen Teil der Wahrheit gefunden haben - denn was wir erfassen, sind immer nur Strahlen und Splitter jener Ganzheit, die wir Wahrheit nennen.

Ich gebe aber nicht nur den Ärzten, nein, ich gebe auch Dir recht, wenn Du sagst, dass Fleischgerichte so gut, so lecker und eine Wonne des Gaumens sind, ein Genuss dem Esser. Durch kunstvolle Zubereitung werden sie zu wirklich schmackhaften Speisen, die ganz vergessen lassen, dass sie aus Leichen bereitet wurden. Leichen... das Wort ist wahr, so furchtbar es klingt.

Es gibt zwar Menschen, die behaupten, man könne auch von Pflanzenleichen sprechen, genau so wie von Tierleichen. Ich sehe ein, dass es unlogisch wäre, ihnen zu widersprechen. Eine einzige Ausnahme macht da nur die Frucht - sie ist nie Leiche, ist wohl das Einzige, das uns die Natur in den Schoß wirft, von dem sie sagt: „Iß!“

Ja, die Frucht ist das wahre Geschenk der Natur, das selbst sich gebende. Ohne Qual zu verursachen, nimmst Du sie - sie reift Dir zu, ihre eigene Reife ist es, die Dir die Frucht in den Schoß wirft. Reife aber ist eine Art von Vollkommenheit.

Es müsste also das Edelste und das Vollkommenste sein, sich nur von Früchten zu nähren. Ich glaube, dies wäre Nahrung für die der Vollendung am nächsten stehenden Menschen, andere könnten kaum bei dieser Ernährung bestehen, denn all das Unvollkommene in ihnen würde sich nach der Speise sehnen, die ihrer Stufe gemäß ist.

Du siehst, jetzt habe ich schon viel gesprochen, und doch noch keine direkte Antwort auf Deine Frage gegeben, sondern mich nur über Deine Vermutungen mit Dir unterhalten. Auf Deine erste Annahme, auf das Gelübde, bin ich noch nicht eingegangen - ich will es aber jetzt tun.

Du bist mit dieser Vermutung ganz gefühlsmäßig dem Kerne der Sache nahegekommen. Ja - es ist fast ein Gelübde, das mich hindert, Fleisch zu essen, doch es ist ganz anderer Art als Du es Dir vorstellst. Es ist gewachsen aus Erkenntnis, die sich in meinem Inneren vollzog, einer Erkenntnis, die einen schweren inneren Kampf auslöste - nämlich dann, als ich versuchte, sie in die Tat umzusetzen.

Es war kein Gelübde irgendeiner Gottheit zugeschworen, kein Opfer, auf irgendwelchen Altar gelegt - nur ein festes, inniges Versprechen, das ich mir selbst gab, meiner Seele, nie mehr Fleisch zu essen. Und ich habe dieses Versprechen mit Freuden gehalten. Jetzt, da ich diese Zeilen schreibe, sind zwanzig Jahre seit jenem Tage vergangen - zwanzig Jahre, in denen ich kein Fleisch gegessen habe.

Und wieder wirst Du erstaunt aufschauen und fragen: „Aber warum nur? Warum?" Und es wird Dich seltsam anmuten, dass Du so nahe geraten hattest. Wenn ich Dir aber jetzt in einem knappen Satze die wahre Ursache klarlege, so wirst du erstaunt sein, wie weit entfernt trotz allem Dein Raten von dem wirklichen Beweggrunde war. Höre: Ich esse keine Tiere, weil ich mich nicht von dem Leiden und Tode anderer Geschöpfe ernähren will - denn ich habe selbst so viel gelitten, dass ich fremdes Leid empfinden kann, eben vermöge meines eigenen Leides.

Warum soll ich, der ich glücklich bin, wenn ich nicht verfolgt werde, andere Geschöpfe verfolgen oder verfolgen lassen? Warum soll ich, der ich glücklich bin, wenn ich nicht gefangen werde, andere Geschöpfe fangen oder fangen lassen? Warum soll ich, der ich glücklich bin, wenn niemand mir ein Leid zufügt, anderen Geschöpfen Leid zufügen oder zufügen lassen? Warum soll ich, der ich glücklich bin, wenn ich nicht verwundet und getötet

Doch will ich nicht mit Fingern deuten auf den und die - nein, ich will mich selber wach machen im kleinen und beginnen, verständiger, hilfreicher und besser zu werden. Warum sollte es mir dann später nicht auch im großen gelingen?

werde, andere Geschöpfe verwunden oder töten oder für mich verwunden oder töten lassen?

Ist es nicht nur natürlich, dass ich das, was ich wünsche, dass es mir nicht geschehe, auch anderen Geschöpfen nicht geschehen lasse? Wäre es nicht sehr unedel von mir, wollte ich es doch tun, nur um mir einen kleinen Genuss zu verschaffen, auf Kosten fremden Leides und fremden Todes? Dass diese Geschöpfe kleiner und schwächer sind als ich, welcher vernünftig und edel denkende Mensch könnte daraus ein Recht ableiten, ihre Schwäche und Kleinheit zu missbrauchen? Ist es nicht in Wirklichkeit so, dass der Größere, Stärkere, Überlegenere stets das schwächere Geschöpf beschützen sollte, nicht aber töten und verfolgen? „Edel sein verpflichtet." Und ich möchte edel sein.

Ich höre Dich, wie Du mir entgegnest: „Aber in der Natur, geschieht da nicht auch das was wir tun? Verschlingt da nicht auch der Stärkere den Schwächeren? Also handeln wir naturgemäß!"

Ich antworte Dir, dass Du recht hast. In der Natur ist es so - bei den Tieren, selbst bei den Pflanzen. Aber zählst Du Dich noch Tier und Pflanze zu? Glaubst Du nicht vielmehr, schon auf einer höheren Stufe zu stehen - und nennst Du Dich nicht stolz: Mensch?

Verstehst Du es also, wenn ich glaube, meine Taten sollten die eines Menschen sein, die eines höheren Wesens, nicht die eines handlungsgebundenen Tieres? Macht nicht gerade das unsere Mensch-Werdung aus, dass wir danach ringen, uns von diesem Handlungs-Gebundensein zu lösen? Liegt nicht gerade in dieser fast schon freien Entscheidungsmöglichkeit unseres Ichs alles Menschsein beschlossen? Du wirst mir entgegnen: „Ja, aber wir Menschen sind noch nicht vollkommen, wir sind noch sehr an alles das Untere gebunden - wir haben noch vieles vom Tiere in uns, über das wir uns noch nicht hinausentwickelt haben, das wir noch befriedigen müssen."

Ja, ich gebe Dir auch darin recht. Die meisten Menschen sind noch ein Ding zwischen bewusstem Tier und unbewusstem Menschen, so dass wir große Enttäuschungen erleiden, wenn wir sie, ihrem Aussehen entsprechend, schon als wirkliche Menschen werten. Selbst diejenigen unter uns, welche höhere Plätze einnehmen, sind in ihrem stärksten Drange meist noch mehr Tier als Mensch, sind Wolf oder Schaf, das, was ihrer Natur gemäß ist.

Doch so völlig recht, wie es scheint, gebe ich Dir nicht. - Es lebten und leben Menschen, die schon entwickelter sind, in denen das Tier schwächer ist und der Mensch stärker. So frage ich Dich nun: sollen sie aus Bequemlichkeit zurücksinken und das dumpfe Leben des Tieres in sich weiterleben - oder sollten sie nicht vielmehr versuchen, diese Stufe zu übersteigen, ganz die Sprosse zu erklimmen, die Mensch heißt?

Und ich frage weiter: Soll ich selbst nicht lieber versuchen, mich zu vervollkommnen, mich höherzurecken, Mensch zu werden, statt träge in den Gewohnheiten des Tierischen zu treiben? Denn wisse eines: Was wir vom Tiere noch an uns haben, es sind nur die dumpfen und weniger schönen Teile seines Wesens - den weiten Blick, die große Reinheit, die Unschuld und viele andere seiner guten und schönen Eigenschaften besitzen wir nicht mehr. Noch ist es Anmaßung, wenn der Mensch von sich glaubt, ein höheres Wesen zu sein, noch ist er es nicht. Die aber, welche ernsthaft danach streben, wirkliche Menschen zu werden, sollten sie nicht bewusst, voll Ernst und heiterer Würde diesen Weg gehen, den Weg zum höheren, göttlicheren Menschen, zu dem Wesen, das wir eigentlich sein möchten, das wir aber - höchstens in unseren Wunschträumen sind?

All das, was wir Kultur nennen - ist es nicht ein Weiser zu diesem Ziele, wie ein Wegstein, der uns aus der Wildnis finden lässt? Das aber, was uns ein Kunstwerk sagt, was ein gutes Buch zu uns spricht, wir müssen es erst leben - durch die Tat. Damit, dass wir uns mit edlen Kulturdingen befassen, mit Kunstwerken umgeben, ist erst der Anfang getan - die Aufnahme der Kultur. Kultur aber sollte in uns wachsen, Tat werden und ... Ernte. Die schönen Gedanken, die wir aufnehmen und jene schönen Gedanken, die wir selbst denken - erst dann, wenn wir nach ihnen handeln, werden sie Leben erhalten,

Warum soll ich, der ich glücklich bin, wenn ich nicht verfolgt werde, andere Geschöpfe verfolgen oder verfolgen lassen? Warum soll ich, der ich glücklich bin, wenn ich nicht gefangen werde, andere Geschöpfe fangen oder fangen lassen? Warum soll ich, der ich glücklich bin, wenn niemand mir ein Leid zufügt, anderen Geschöpfen Leid zufügen oder zufügen lassen? Warum soll ich, der ich glucklich bin, wenn ich nicht verwundet und getötet werde, andere Geschöpfe verwunden oder töten oder für mich verwunden oder töten lassen?

erst dann werden sie zu einem Zauberstabe, der uns zu Göttern macht, zu höheren Wesen - zu wahren Menschen.

Meinst Du, es könne von diesem Gesichtspunkte aus verkehrt sein, dass ich mich bemühe, bewusst keinen Tod, kein Leid zu schaffen? Denkst Du nicht vielmehr auch, dass das ein Schritt sein könnte, dem näherzukommen, was wir erstreben und ersehnen: dem wahren Menschentum? Siehst Du nicht, dass es schöner ist, im Frieden mit der ganzen Schöpfung zu leben, ihr Verstehen und Liebe entgegenzutragen statt Zerstörung und Verfolgung?

Du weißt nicht, wie so ganz anders ich seit zwanzig Jahren allen Geschöpfen gegenübertreten kann, wie frei ich dem Reh wie der Taube ins Auge zu schauen vermag, wie sehr ich mich Bruder fühle mit allen, liebender Bruder mit Schnecke, Wurm und Pferd, mit Fisch und Vogel.

Du liest „Wurm" und lächelst. Und doch, ja, es ist wahr, was ich sage: auch mit dem Wurm. Ich hebe ihn vom Wege auf, wo er zertreten werden könnte, trage ihn dorthin, wo er eine Zuflucht finden wird - auf ein Stück Erde oder Rasen. Und ich bin glücklich darüber, weit glücklicher, als wenn mein Absatz ihn zertritt und er sich stundenlang noch elend am Wege krümmt. Was bedeutet das kleine Opfer - mich zu bücken, meine Fingerspitzen zu beschmutzen? Was ist es gegen das große Gefühl, liebend in den Kreis der Natur eingetreten zu sein, in den Kreis der Mitgeschöpfe - nicht als Schreckensverbreiter, nicht als Zerstörungsträger - nein: als Friedensbringer - als - der ältere, höhere Bruder. Brüder aber verfolgt man nicht - Brüder tötet man nicht.

Verstehst Du jetzt, warum ich kein Fleisch esse?

Mein Lieber!

Ich habe Deine Einwände vernommen. Du sagst Dinge, die ich fast erwartete zu hören, denn alle Welt denkt so und erwidert mir, genau wie Du mir erwidert hast. Es hat mich ein wenig traurig gemacht, denn ich hoffte, dass Du näher einem Verstehen sein würdest, näher als alle Welt. Und nun ... Da aber alle Welt wie Du fragt und sagt, müsst ihr wohl ein Recht dazu haben, scheint es euch doch völlig natürlich, in dieser Art zu denken; ich will also nicht länger traurig darüber sein, dass auch Du so sprachst.

Ich will Dir antworten und erklären:

Du sagst, das Tier sei geschaffen, dem Menschen als Nahrung zu dienen. - Entschuldige - aber als ich diese Stelle las, habe ich herzlich gelacht. Wohl gebe ich zu, dass im Haushalt der Natur nichts ungenutzt bleibt, dass also auch der Kadaver des einen Geschöpfes dem anderen als Nahrung dient, ja, dass sehr oft ein Tier das andere tötet, um in den Genuss seines Fleisches zu kommen. Ich gebe auch zu, dass dies im Gesetze der Natur vorgesehen ist. Selbst ein solch gewaltsamer Tod ist einberechnet, dieses Sterben - um als Nahrung zu dienen - statt eines Todes, der später durch das Altern erfolgen und so gut wie keinen Nutzen mehr stiften würde.

Das alles sehe ich ein. Jedoch Deine Formulierung: „Das Tier ist geschaffen, dem Menschen als Nahrung zu dienen“, sie kommt mir vor, als würde ein

Löwe oder ein anderes Raubtier sich die Lippen lecken und sagen: „Der Mensch ist geschaffen, uns eine gute Mahlzeit zu liefern." Würdest Du bei solch einem Ausspruch nicht lachen? - Und siehst Du, ich lachte auch. Was Du jedoch darüber sagst, dass der kurze, fast schmerzlose Augenblick des Getötetwerdens beim Tiere wohl in keinem Verhältnis steht zu dem Nutzen und dem Genuss, der daraus für die anderen (für die Töter) entsteht, dieser Anschauung muss ich entgegentreten.

Viele, fast alle, denken wie Du. Aber haben sie, hast Du wirklich alles klar vor Augen gehabt? Hat Dich nicht der Wunsch verleitet, von Deinen inneren Skrupeln unbehelligt, Dich doch dem Genusse der Fleischspeisen hingeben zu können? Ist es nicht dieses, vielleicht halb bewusste Verlangen gewesen, das Dich veranlasste, nur flüchtig hinzusehen, mit einem kurzen Blick aus halb geschlossenen Lidern - um dann vor Dir selbst beruhigt sagen zu können: „Es ist gar nicht so schlimm!" - Ist es nicht vielleicht so, mein Lieber?

Sieh, ich will Dir sagen, wie ich es sehe, deutlich, in seiner ganzen Wirklichkeit. Ich will Dir nicht von den großen Eidechsen, den fetten Leguanen in Südamerika erzählen, die von den Eingeborenen ihres schmackhaften Fleisches wegen gefangen werden, denen man an den Beinen die Sehnen aufschneidet und sie dann, mit ihren eigenen Sehnen gefesselt, lebend gebündelt (denke welche Qual, welcher Schmerz!) tagelang in schattigen, kellerartigen Räumen liegen lässt, bis ihr Fleisch für den Tisch gebraucht wird.

Du wirst mir sagen, das sei zu weit weg, zu außergewöhnlich und nicht für unser Leben und unsere Gewohnheiten zutreffend. Du hast recht. Darum will ich Dir auch nicht von den südlichen Ländern erzählen, in denen man Geflügel, Hühner und Tauben lebendig rupft, sie lebend ihres Gefieders beraubt. - Ich habe selbst gesehen, wie Frauen solch einen unglücklichen, gebundenen Vogel in ihrem Schöße hatten und wie sie ihm alle, auch die kleinsten Federchen ausrissen, ohne auch nur im mindesten durch das Gewimmer des armen leidenden Tieres gestört zu werden. Und sie taten es - warum? Nur weil dann angeblich das Fleisch des nachher geschlachteten Tieres weißer ist.

Du wirst mit Recht sagen, dass solch mittelalterliche Greuelmethoden bei uns längst nicht mehr vorhanden sind, dass bei uns „menschlicher" getötet wird.

Zwar fällt mir da gerade die junge englische Dame ein, die mir eines Tages sagte, sie und ihr Gatte werden in der Nacht mit Fischern hinausfahren, um dem Fang zuzusehen. Ich entgegnete ihr, dass es vielleicht besser sei, dies nicht zu tun, denn die Fischer in dieser Gegend locken die Wasserbewohner mit großen Lampen. Die Fische, durch das grelle Licht angezogen, kommen nach oben. Der Jagende stößt mit einer Harpune zu, deren Eisenspitze dem erspähten Tiere in den Leib dringt und deren Widerhaken es festhalten. Wenn der Fisch dann aufgespießt herausgezogen wird, löst man ihn von der Harpune - das heißt, man reißt ihm die eisernen Widerhaken aus dem Leib, reißt ihm große Löcher durch seine zuckenden Körper und wirft ihn dann zu den anderen Gefangenen -, dort mag er an seinen Wunden sterben. Denn nur wenige Fischer haben ein so gutes Herz, dass sie das leidende Tier gleich töten. Das alles erzählte ich der jungen Dame die mir viel über gute Bücher, Fortschritt und schöne Gedanken gesprochen hatte, erzählte es ihr in der Absicht, sie vor diesem Erlebnisse zu warnen, das sicherlich ihrer Zartheit ein schreckliches Martyrium sein musste. Sie aber lachte hell auf, sagte mir, dass sie seit ihrer Kindheit fische, alle Arten des Fischfanges kenne und selbst ausübe - dass ihr daher derartige Sentimentalitäten, wie ich sie äußere, völlig fremd seien. Und, noch immer lachend, berichtete mir diese zarte Dame der Gesellschaft: „Ich fühle gar nichts dabei. Wenn ich Fische fange, so schneide ich ihnen, noch lebend, den Leib auf und nehme die Eingeweide heraus, weil das, so gehandhabt, den Geschmack des Fleisches ungeheuer erhöht.“ Ich sehe noch jetzt, wie sehr sie über mein erschrecktes Erstaunen belustigt war.

Das war eine moderne englische, fein empfindende junge Dame, also ein Mensch des Nordens.

Auch da wirst Du mir sagen, dass das eine Ausnahme sei, eine fast unglaubliche, die mit der üblichen Art des Fischfanges nichts zu tun habe. Du hast recht - denn wäre diese kleine Geschichte nicht mir selbst geschehen, ich würde sie kaum glauben.

Da ich also weiß, dass Du das alles als Nicht-Regel ablehnst - mit Recht -, so will ich Dir einmal erzählen, wie ich die „Regel" beim Fischfang sehe. Höre zu und überdenke, ob das die reine nüchterne Wahrheit ist oder nicht.

Zum Beispiel: man angelt. Viele sagen: „Ein schöner Sport, beruhigend für die Nerven." Man sitzt in der Natur, am Wasser, hält die Rute, betrachtet den Schwimmer und muss es lernen, mit kunstvollem Griff im rechten Augenblick den Fisch herauszuziehen. Ist das gelungen, so ist die Freude groß, für den Angler wie für die Umstehenden. Alle weiden sich an dem schönen beschuppten, zappelnden Fischleibe - und der Angler legt ihn voll Stolz zu seiner anderen Beute, tötet ihn vorher, oder gibt ihn in ein Gefäß mit Wasser.

Das sieht alles fast harmlos aus - vor allem ... mit halb geschlossenen Augen - mit dem Fernblick auf ein duftendes Fischgericht. Aber ich sehe es näher, mit offenen Augen, klarer. Ich sehe einen sich krümmenden Regenwurm, den die Hand des Anglers (vielleicht ist es die eines Malers zarter Pastelle, vielleicht die eines Schöngeistes), ohne jedes Mitgefühl erfasst. Ich sehe einen eisernen Haken mit Widerhaken. - Die Hand des Anglers nimmt den Wurm, spießt ihn auf, zieht diese stählerne Qual durch zwei Drittel des Wurmleibes.

Der Wurm krümmt sich, ringelt sich, bäumt sich auf in seinem Schmerz. Der Angler lächelt zufrieden und stolz, denn er hat den Wurm „fachmännisch“ gespießt. Der Haken ist verdeckt, man sieht nur das kleine Tier, das sich äußerst lebendig und verzweifelt in seiner Qual krümmt. So ist es richtig, das ist der rechte Blickfang für die Fische! Und der Angler wirft, hochzufrieden mit sich und der Angelkunst, die Schnur ins Wasser, raucht seine Pfeife, wartet und stiert auf die Schnur, das heißt auf den Schwimmer.

Minuten, viele, viele Minuten vergehen so - jede Minute hat sechzig Sekunden. Welche Ewigkeit mag jede Sekunde für den Märtyrer auf dem Haken sein? Ich selbst habe schon große körperliche Schmerzen ausgehalten, Schmerzen, die zu Qualen wurden - und ich weiß, was da eine Sekunde für mich großen starken Menschen bedeutete, welche weite, grässliche Wüste von Zeit -, alle, die Qualen litten, werden das wissen. Denke einmal, wie ein Mensch leiden würde mit einem solchen Haken durch den Leib. Kannst Du Dir das vorstellen?

Der Angler starrt noch immer auf seinen Schwimmkork. Hat er sich nicht eben bewegt? Er zieht die Schnur heraus. Richtig, ein Fisch hat angebissen, aber es war ein ganz geriebener Bursche, er hat nur den sich windenden Wurm verzehrt, ohne den Haken zu berühren. Ärgerlich entfernt der Angler den Rest des noch schwach sich Krümmenden. Er sieht auf die Uhr. Zehn Minuten hat dieser Köder vorgehalten. Nun öffnet er seine Wurmbüchse, sucht ein neues Opfer, spießt es fachmännisch und mit ebenso fühllosen Händen, wie alle die hundert oder tausend Würmer, die er früher in seiner langen Anglerzeit schon spießte.

Der Wurm in seiner Qual windet sich auf dem Haken. Unvorstellbarer Schmerz - grässlicher, langsamer Tod! Wäre er ein Mensch, würde er sicherlich verzweifelt fragen, ob es möglich sei, dass die Gottheit solches geschehen lasse. Und kein Erbarmen ist zu finden, keine Hilfe, nur Erlösung durch die Natur selbst, durch den gierigen Biss und das Verschlingen durch einen Fisch oder durch den Tod des langsamen Verlöschens.

Der Angler aber sitzt am Wasser, blickt auf den Schwimmer, denkt und fühlt den köstlichen Sonntagsfrieden rings um sich her. Er ist ganz in diesem Gefühl der Naturbewunderung aufgelöst, lauscht dem Gesang der Vögel und freut sich, dass diese kleinen Sänger heute in unseren Gegenden ein sicheres, geschütztes Leben haben, frei von Nachstellungen durch den Menschen, dank einer Gesellschaft, zu der auch er als anerkannt wertvolles Mitglied gehört: dem Tierschutzverein.

Da! Der Schwimmer versinkt!

Der Angler strafft, reißt und schwingt die Schnur. Ein silberner Fisch hängt zappelnd daran. Der Angelhaken hat gut gepackt, er ist durch den Oberkiefer gegangen und ragt heraus, vorne am Kopfe, über dem Mund.

Fachmännisch löst der Angler den Widerhaken. Das geht nicht leicht, solch ein Widerhaken ist schon eine gute Sicherung - man muss da erst etwas hin- und herziehen und zuletzt mit einem geschickten, energischen Ruck die querstehende Eisenspitze losreißen. Ein kleines Loch bleibt - aber das tut nichts zur Sache, in ein paar Stunden wird der Gefangene ja doch gegessen. Er wiegt die Beute in der Hand, freut sich und wirft den Fisch zu den anderen zappelnden Brüdern.

Und der Angler denkt, es sei vielleicht gut, jetzt einmal eine andere Art Köder zu verwenden. Er öffnet eine Schachtel, in der bunte Käfer und Fliegen krabbeln, nimmt einen der schillernden Käfer, der ihm zwischen die Finger kommt. Geschickt greift er den Angelhaken, treibt ihm dem Käfer durch den Leib gerade in der Mitte. Das Tier bewegt Beine und Fühler wie rasend, öffnet die Flügel, als wolle es fliegen. Der Angler lächelt: „Ja, das kannst du jetzt nicht mehr.“ Dann wirft er die Schnur aufs Wasser.

Der Käfer schwimmt schillernd und alle Glieder bewegend. Der Angler nickt zufrieden. So ist's recht - das wird Fische anlocken! Er versinkt in Nachdenken, lässt aber dabei den Käfer nicht aus den Augen. Der Angler empfindet nichts, denkt gar nicht daran, dass dieses kleine, hilflose Tier einen beispiellosen Qualentod leiden muss - nein - er ist naturliebend, er freut sich an dem schönen Schillern der Flügel und der Behändigkeit der Bewegungen. Der Käfer schreit ja auch nicht - außerdem ist er n u r ein Insekt, dazu noch ein schädliches.

Und während er so in Nachdenken versunken ist, stößt er mit der Zunge an seinen Zahn - ausgerechnet an den schlechten! Sofort stellen sich Schmerzen ein. Der Angler leidet - die Schmerzen steigern sich. Er denkt, dass er morgen unbedingt zum Zahnarzt gehen muss. Und er malt sich voll Schrecken aus, wie der Dentist mit seinen Instrumenten aus hartem Metall an den Zahn kommt, wie furchtbar es sein mag, wenn er den Nerv berührt. Zwar wird es schon ein Mittel geben, das ihn die Schmerzen nicht voll fühlen lässt, aber trotzdem ... Etwas Schmerz wird er doch empfinden - er fürchtet sich jetzt schon davor. Ja, er fürchtet sich sogar vor der feinen Nadel, die man ihm ins Zahnfleisch stechen wird - vor diesem kleinen, nur augenblicklichen Stich, der ihm dann die Befreiung von allen anderen Schmerzen bringt.

Und der Angler starrt auf den zappelnden Käfer, dem der Widerhaken zwischen den Flügeln aus dem Leibe herausragt und denkt philosophisch, wie schrecklich es doch auf der Welt sei, was für grausame Schmerzen ein friedlicher Mensch erleiden muss - zum Beispiel Zahnschmerzen. Womit hat er das verdient? Er, der doch gewiss keinem Menschen ein Leid zufügte. Überhaupt, warum wird man mit Krankheit und allen möglichen Übeln geschlagen? Warum? Ist das gerecht, dass die sanftesten Menschen so leiden müssen - ist das vielleicht die große Gerechtigkeit? Und die Zahnschmerzen werden immer grausamer. Da zieht er die Angelschnur zurück, reißt den Haken aus dem Leib des Käfers, wirft das zappelnde Tier fort - irgendwohin. Dann wickelt er die Angelschnur auf, greift sich ab und zu an die Backe, rafft alles zusammen, nimmt den Kasten mit den Fischen und geht heimwärts.

Plötzlich, wie er gekommen, verlässt ihn der Zahnschmerz wieder. Er freut sich nun auf die Fische, auf die gute Art, wie seine Frau sie zubereiten wird. Und wie er so an seine Frau denkt, fällt ihm auch sein kleiner Sohn ein. Der Junge möchte ihn schon lange zum Angeln begleiten. Nächsten Sonntag wird er ihn mitnehmen, es schadet nichts, wenn das Kind sich schon früh in dem schönen Sport übt.

Und am nächsten Sonntag wird der Angler, der Vater, seinem Sohne zeigen, wie man fachgemäß einen Wurm auf den Haken spießt. -

Das ist das Bild des Anglers, wie ich es oft gesehen habe, ich selbst machtlos, die Opfer auf dem Haken zu retten. Immer war ich voll Schrecken, wenn

Dass diese Geschöpfe kleiner und schwächer sind als ich, welcher vernünftig und edel denkende Mensch könnte daraus ein Recht ableiten, ihre Schwäche und Kleinheit zu missbrauchen? Ist es nicht in Wirklichkeit so, dass der Größere, Stärkere, Überlegenere stets das schwächere Geschöpf beschützen sollte, nicht aber töten und verfolgen?

ich bedachte, dass es in ganz Europa jeden Tag - und vor allem jeden Sonntag - Hunderttausende von Menschen gibt, die sich diesem Sport als Sonntagsvergnügen hingeben. Ich könnte kein Vergnügen daran finden, Würmern, Käfern und Fliegen einen qualvollen Kreuzestod zu bereiten. Und die Menschen, die das tun, sind zum Teil solche, die sonst im Leben feines Gefühl an den Tag legen. Aber ist es tief genug? -

Das wäre, was ich Dir über das Angeln zu sagen habe, über diese Art des Fischfanges, die Du als schönen Sport und als „gar nicht grausam" ansiehst. Du weißt jedoch nun, dass ich es mit anderen Augen betrachte. Selbst wenn ich denken würde, dass der Angelhaken dem Fisch einen erträglichen Schmerz verursacht, so würde der Qualentod des Wurmes genügen, dass ich nie einen geangelten Fisch genießen könnte. Ich sagte Dir ja schon einmal: Auch der Wurm ist mir Bruder, und ich fühle mit ihm.

Ich sehe Dein Lächeln beim Lesen dieser Zeilen, Dein Gesicht nimmt einen überlegenen Ausdruck an und Du möchtest mir entgegnen: „Wie aber nun, wenn der Fisch im Netz gefangen wird? Wo ist da der Wurm des Anstoßes? Wo ist da der qualvolle Tod des Fisches? Wird er doch einfach im Netze an Land gezogen, dort mit einem Schlag auf den Kopf getötet. Wo ist da das große Leiden?"

Ich höre Dich so sagen, und ich muss Dir entgegnen: „Auch diesmal hast Du wieder nur mit halb offenen Augen hingeschaut.“

Du lächelst ungläubig?

Höre, wie ich den Fischfang mit dem Netze erlebt habe, wieder und immer wieder, wie ich ihn sehe, mit meinen Augen die vielleicht ein wenig überweit offen sind, da viel Entsetzen und Grauen mir sie so weit aufriss, Entsetzen und Grauen, das aus Mit-Gefühl geboren wurde.

Die Fischer ziehen hinaus. Ihre Netze sind groß und weit. Es erfordert die Kraft vieler starker Männer, sie aus dem Wasser zu ziehen. Diese Kraft wächst automatisch, steigert sich an der Freude, dass ein Fang in den Netzen ist. Sie ziehen und ziehen. Hunderte, Tausende zappelnder Fische werden aus dem Wasser gehoben, aus den Netzen geschüttelt, ins Innere der Boote, wo die Fische aufeinanderliegen, ein sich bewegender, silbern schimmernder Berg, schwer und mächtig, dass das Boot tiefer in die Fluten sinkt. Die unteren Fische, von der Last der auf ihnen liegenden gedrückt, können sich nicht oder kaum bewegen. Die oberen Fische schlagen mit den Schwanzflossen, bewegen die anderen Flossen, sammeln alle ihre Kräfte, sich emporzuschnellen, im richtigen Instinkt, so vielleicht das rettende Element des Wassers wieder zu erreichen.

Die Fischer zünden sich schmunzelnd eine Pfeife an. Der Fang war gut! Und sie begeben sich wieder an die Ruder oder an ihre sonstigen Plätze. Wenn es ein sehr großes Boot ist, so waten sie wohl auch mit ihren hohen Seemannsstiefeln durch die Fischmassen, treten auf die zarten Fischleiber, sie zerquetschend, verwundend, tötend. Sie lachen dabei, rufen sich Scherzworte zu, wenn sie so durch ihre silberne Beute schreiten. Ihre Stiefel empfinden nichts dabei und ihre Herzen ebenso wenig, denn Gewohnheit ließ über ihre Herzen eine Lederhaut wachsen, wohl ebenso fest, fühllos und geölt wie die der Stiefel. Nicht einmal in das Denken dringt es bei ihnen ein, dass sie über die Leiber lebender Wesen gehen, die von ihrem Tritt und Gewicht verwundet bleiben.

Aber dieses Schicksal trifft ja wiederum nur einzelne Fische - es ist nicht die Norm, wir wollen uns also dabei nicht aufhalten. Wir wollen einmal sehen, wie es der Menge, diesen Tausenden und Zehntausenden von Fischen geht.

Du hörst, ich sage: Tausende, Zehntausende.

Jeder Fischer würde Dir ins Gesicht lachen, würdest Du von ihm verlangen, dass er nun diese Unmenge von Seetieren töten solle.

Wie könnte er es auch? Es wäre ja nicht einmal Platz dazu vorhanden, das Boot ist mit der Menge des Fanges ausgefüllt. Der Fischer begnügt sich also damit, diesen oder jenen Fisch zu ergreifen und durch Aufschlagen des Kopfes zu töten. Er tut das nur bei jenen, die ihm zu viel springen, zu viel zappelnde Energie zeigen, er erweist diesen Gnadenakt nur den Obenliegenden, denen es gelingen könnte, doch vielleicht mit letzter Energie einen Sprung ins Wasser auszuführen. Zu verhindern, dass der kostbare Fang wieder entgleite, ist die Ursache, derentwegen der Fischer diesen oder jenen der Netzgefangenen tötet. Es geschieht nur aus solch praktischer Erwägung heraus, nicht um die Leiden des Tieres zu verkürzen. O nein! Warum sich solche Mühe machen? Der Fisch stirbt ja auch ohne Zutun ganz von allein, ohne dass diese viele Arbeit notwendig ist.

Langsam lassen die Zuckungen der Fischleiber nach, sind nicht mehr so wild und unbändig, werden von Mal zu Mal weniger kraftvoll, werden immer und immer schwächer. Nein, man braucht sich gar nicht um sie zu kümmern, sie verlöschen von allein.

So denkt und handelt der Fischer. Er weiß, was er tut, denn er hat Erfahrungen in seinem Handwerk. Und der Fisch?

Der Fisch ist aus seinem Lebenselement, dem Wasser, gerissen und in ein Element geworfen, von dem er sonst höchstens Sekunden verkostete: die Luft. Wenn wir, die wir in der Luft zu Hause sind, in das Element des Wassers geraten, wenn dieses uns völlig umgibt und bedeckt, so ertrinken wir in der kurzen Zeit von wenigen Minuten. Ebenso ergeht es auch manchen Fischen, die, falls sie in das Element der Luft geraten, in wenigen Minuten sterben. Aber das ist nur ein sehr kleiner Teil. Die allermeisten Fische, im Netze gefangen, leben in unseren Breitegraden außerhalb ihres eigenen Elementes, im Elemente Luft, sehr lange - eine Stunde, zwei Stunden, vier Stunden, bis zu einem halben Tage, vor allen Dingen Seefische.

Ich sagte leben. Es ist das aber nicht die zutreffende Bezeichnung - das entgegengesetzte Wort: sterben wäre richtig gewählt. Ja, der Fisch stirbt, nicht minutenlang, nein, er stirbt stundenlang, einen bedrückenden, grässlichen Tod, nur unserem Erstickungstode vergleichbar. Denke Dir, Du müsstest langsam ersticken - immer weniger würde die Luft um Dich her, immer mehr würde sie Dir mangeln. All Dein Leben bestünde nur noch darin, nach Atem zu ringen, mehr und mehr, mühsamer und mühsamer, bis er Dir ganz ausbliebe.

Denke Dir den Fisch - nein, besser, gehe an den Strand oder auf den Fischmarkt, betrachte Du selber die Tiere, wie sie auf der Erde oder in Körben liegen. Da wirst Du ihren schrecklichen Tod erleben und sehen, wie sie langsam schwächer werden, wie sie ihren Mund im Erstickungstode mehr und mehr öffnen, bis er krampfhaft aufgerissen ist, weit, fast rund in der Qual ihres langsamen Sterbens.

Der Du Dir vieles vergegenwärtigen kannst, stelle Dir vor, Du seiest dieser Fisch und müsstest so sterben, so schrecklich, jede Sekunde, jede Minute um Atem ringend! Und die Sekunden des Todeskampfes wurden zu Minuten, zu vollen schweren Minuten, zu weiten, ewigkeitslangen Stunden. Denke Dir diese Qual...

Jedes Mal, wenn ich über einen Fischmarkt gehe, oder vorbei an einem Stande, wo die schimmernden Leiber der Wasserbewohner zucken, wo ihre Münder sich in Qual aufsperren, wie zu einem großen Todesschrei - jedes Mal leide ich dann mit ihnen und es ist mir, als würde ich, selbst nach Luft ringend, mit ihnen sterben. In diesen Augenblicken fühle ich mich eins mit dem Fisch, fühle mich ganz hinein in diesen Bruder des anderen Elementes.

Vielleicht lächelst Du. Dieses Lächeln würde Dich nicht verschönen. -

Aber noch habe ich nicht alles gesagt, noch habe ich Dir zu berichten, von den Fischen, die zu Millionen gefangen werden - von den Heringen. Niemand tötet sie. Lebend schaufelt man sie aus den Booten, lebend legt man sie in die bereitstehenden Tonnen, legt sie auf Salz und überstreut sie mit einer weiteren Schicht der weißen Kristalle - dann kommt die nächste Lage Heringe, dann die nächste Lage Salz. Auf die schlanken, zuckenden, schuppenglänzenden Leiber streut man die beißende Würze auf den lebenden Fisch. Das ist sein Grab -

lebendig eingeschlossen in einer Tonne und gebettet in brennendes, beißendes Salz.

Millionen Fische sterben so und Millionen Menschen essen sie später, die allermeisten von ihnen, ohne je zu ahnen oder auch nur darüber nachzudenken, wie diese Speise entstand, welchen Weg des Leidens und des Todes sie da voll Behagen verzehren.

Brauche ich mehr zu diesem kleinen, wahren Bilde zu sagen?

Aber ich will Dir noch mehr erzählen. Ich will Dir von anderen Bewohnern der kühlen Wasser sprechen und von dem Ende, das der Mensch ihnen bereitet, damit sie seinem Gaumen und Magen genehm seien - nach ihrem Tode.

Ich denke jetzt an den Fisch, dessen Herkunft in Geheimnis gehüllt ist, trotz aller Forschung, diesen Fisch, der sehr einer Schlange ähnelt. Ich meine den mysteriösen Aal. Wie bereitet man ihn zu?

Es ist bekannt, dass er, wie Schlangen, ein sehr zähes Leben hat. Es scheint fast unmöglich, ihn zu töten - man müsste ihm denn den Kopf vom Rumpfe trennen, aber das würde sein dekoratives Äußeres zerstören.

Ganz selten ist es, dass jemand einen Aal köpft. Gewöhnlich versucht man, ihn durch Schlage auf den Kopf zu betäuben oder dadurch, dass man ihn auf den Boden wirft. Dann - bitte es ist ein alter, ganz gewöhnlicher, gedankenlos geübter Küchenbrauch zieht man ihm lebend die Haut ab - und dann - wirft man ihn lebend in den Topf oder in die Pfanne - lebend!

Man muss den Deckel gut zubinden oder mit Steinen und anderem Gewicht beschweren, denn der Aal in seinen qualvollen Schmerzen bäumt sich mit ganzer Lebenskraft auf, windet sich, zuckt, schnellt hoch, stemmt sich gegen das höllische Gefängnis, versucht ihm zu entfliehen, es zu sprengen.

Und es kommt vor, dass Aale den Deckel eines Gefäßes abwerfen und entkommen - abgehäutet - halb gekocht oder gebacken. Doch die Hand des Menschen fängt sie gleich wieder und wirft sie zurück in die Folterkammer. Die Hand, die dies tut, ist meist eine zarte Frauenhand, die einer guten Mutter, welche ihren Kindern und ihrem Manne solch ein schmackhaftes Mahl bereitet. Es ist die Hand einer Frau, die sonst vielleicht ein ganz gutes Herz, vielleicht sogar ein sehr weiches Herz hat, wenigstens für ihre Lieben, die leicht gerührt ist, wenn sie fremder Menschen Leid sieht. Aber für die Leiden und die Qualen eines Aales hat sie keinerlei Empfinden. Ja, das gibt es, wir haben oft zweierlei Herzen, eines aus Fleisch und Gefühl und eines aus Stein und Fühllosigkeit.

„Man" bereitet Aal eben so zu, und zwar, solange „man" denken kann - auch die Mutter dieser Mutter tat das nicht anders, noch deren Großmutter.

„Man" sagt, dass ein Aal das nicht so empfindet... und ... wie soll man ihn auch sonst bereiten? Nein, die gute Frau freut sich, dass sie ihren Lieben ein so leckeres Mahl bieten kann; sie freut sich, ohne zu bedenken, dass es um den Preis des höllischen Martyriums einer anderen Kreatur, eines Mitgeschöpfes geschieht, um den Preis eines Martyriums, das größer kein Heiliger zu erdulden hatte.

Von diesen großen Märtyrern gibt es jedes Jahr Hunderttausende und fast niemand gedenkt ihrer, niemand weint eine Träne um sie. Oder doch? Ja - ich habe Kinder weinen sehen - aber sie sind eben noch dumm, eben nur Kinder. Und doch habe ich Menschen getroffen, erwachsene Menschen, denen etwas wie eine Träne aufstieg, wenn sie diese armen Geschöpfe auf den Märkten feilgeboten sahen und daran dachten, was ihnen bevorstand. Freilich: starke Menschen lachen über so etwas ... solange ihnen nicht selbst ähnliches geschieht.

Und noch ein Bild tritt mir vor Augen: Aale, lebend zusammengebunden, mit einer Schnur, welche man ihnen durch die Kiemen gezogen hat. Dieses lebende Bündel, aufgehängt im Kamin, die sich windenden Leiber lebend geräuchert. Das ergibt die berühmte Delikatesse - geräucherter Aal.

Da wir aber gerade von Delikatessen sprechen, sind nicht Krebse und die berühmte Languste vielleicht auch eine Deiner Lieblingsspeisen? Ist es nicht

Siehst Du nicht, dass es schöner ist, im Frieden mit der ganzen Schöpfung zu leben, ihr Verstehen und Liebe entgegenzutragen statt Zerstörung und Verfolgung?

auch Dir jedes Mal ein Fest, wenn Du sie vorgesetzt bekommst?

Ich will Dir den Weg des Krebses und der Languste beschreiben, von der Tiefe des Wassers bis zu dem Fest Deines Gaumens, das in großer Schüssel auf kunstvoll gedecktem Tisch Dich erwartet. In der kühlen Tiefe des Wassers wurde der Krebs oder die Languste gefangen und heraufgebracht, ans Licht der Sonne. Beide Tiere sind an der Luft glücklicher als Fische, nämlich deshalb, weil sie ohne große Beschwerden außerhalb ihres Wasser-Elementes leben können. Auch die Luft kann ihnen lange Zeit Element sein.

Die gefangenen Krebse werden gewöhnlich in Körbe oder ähnliches gepackt. Oft habe ich gesehen, wie man den Langusten ihre schönen langen Fühler abbrach, da sie zu viel Platz wegnahmen. Ich kann mir vorstellen, welch großer Schmerz das allein schon sein muss, wenn ihnen diese ihre allerempfindlichsten Organe an der Wurzel abgebrochen werden, dieses hochentwickelte Fühlinstrument, das den feinsten Tastsinn enthält. So verstümmelt warten sie auf die Käufer.

Der Käufer eines Krebses oder einer Languste trägt diesen im Vorgefühl des Genusses froh nach Hause.

Langusten und Krebse werden gekocht - jedermann weiß das, denn erst dann erhalten sie ihre vielbesprochene, geradezu sprichwörtlich rote Farbe. Sie werden lebendig gekocht - ich glaube, auch das ist allbekannt, auch das weiß ein jeder. Und die Hausfrau sagt mir mit überlegenem Lächeln: „Aber das schadet gar nichts - sie werden ins siedende Wasser geworfen - in ganz kurzer Zeit sind sie tot. Außerdem sind es Tiere niederer Art, mit ganz primitivem Nervensystem, welche das alles nicht so empfinden, wie es beispielsweise das Nervensystem eines Menschen empfinden würde." Und wieder ein überlegenes Lächeln. Krebs und Languste werden eben gekocht, das ist so alt und so unumstößlich wie das Einmaleins.

Ich aber weiß, wie ihr Tod aussieht.

In vielen Kochbüchern steht, dass man diese Tiere am besten in lauwarmem Wasser aufsetzt, sie mit einem Stein beschwert und sie so langsam kochen lässt - zur Erzeugung größerer Schmackhaftigkeit.

Aber lassen wir das beiseite, denken wir einmal, es gäbe keine solchen Anweisungen, es gäbe nur Menschen, die Krebse in das stark siedende Wasser werfen, um ihnen so einen rascheren Tod zu bereiten. Dieser Vorsatz ist schon ein Schritt zur Menschlichkeit und könnte vielleicht sogar seinen Zweck erfüllen, wenn ... das Gefäß mit dem kochenden Wasser in irgendwelchem Verhältnis zur Größe des Tieres stünde. Mit anderen Worten: Man müsste die Languste in ein Gefäß mit einer großen, ja sogar ziemlich großen Menge stark kochenden Wassers werfen, um ihr einen halbwegs schnellen Tod zu bereiten, einen nicht überbarbarischen.

Die Wirklichkeit, das heißt, die gewöhnliche Art der Zubereitung sieht jedoch ganz anders aus.

Meistens wird ein Gefäß genommen, welches gerade groß genug ist, das Tier aufzunehmen. Aber - statt einer Languste oder eines Krebses werden meist zu gleicher Zeit mehrere in das Wasser geworfen, denn man sagt sich: Es ist ja noch Platz da. Diese Tiere jedoch, selbst kühl und von einer dicken Schale bedeckt, erkälten durch ihre Masse augenblicklich die zu geringe Menge des siedenden Wassers, so dass aus dem kochenden Wasser ein warmes oder im besten Falle ein heißes wird.

In diesem heißen Wasser nun krabbeln die entsetzten Tiere, an die Kühle, ja fast Eiseskälte des tiefen Wassers gewohnt. Sie versuchen zu entfliehen, doch umsonst. Ein Deckel wird auf den Topf gedrückt, die verzweifelten Kletterer werden vorher erbarmungslos zurückgestoßen. Der Deckel wird festgebunden oder mit Steinen und anderen Gewichten beschwert.

Währenddessen glüht und brennt das Feuer unter dem Topfe, beginnt das Wasser heißer und heißer zu werden, zu dampfen und sich langsam wieder dem Siedepunkt zu nähern - ach! sehr langsam. Und in dieser sich dauernd steigernden Glut sind die Tiere eingeschlossen, ohne jede Aussicht auf Rettung, sind ihren ständig steigenden Schmerzen preisgegeben. Selbst wenn das Wasser den Siedepunkt erreicht hat, ist es noch nicht der Tod; sie müssen noch eine Weile in dem kochenden Wasser qualvoll brühen.

„Natürlich müssen Krebse und Langusten gut brühen“ - sagt der Küchenchef. „Gut lebendig kochen“ - sollte er sagen. Ich aber denke an die schreckliche Epoche der Inquisition und daran, dass diese Zeit noch nicht vorüber ist, dass auch heute noch Menschen andere Geschöpfe, die wehrlos in ihre Hand gegeben sind, lebend in siedendes Wasser werfen. Und es ist mir mit Schrecken bewusst, dass es sogenannte Gebildete, Feinfühlende sind, keine rohen Barbaren, keine Naturvölker und doch - Primitive - primitive Zivilisierte, primitive sogenannte Kulturmenschen, Abendländer, die von schönen Gedanken und Reden überquellen und doch mit lächelnder Miene schreckliche Greueltaten vollbringen - nicht weil sie es müssen, nein, weil sie es wollen, nicht weil ihnen die Fähigkeit ermangelt nachzudenken und zu ermessen, was sie Grässliches tun - nein, weil sie nicht darüber nachdenken wollen - es würde sie sonst in ihrem Genusse stören.

„Sie glauben gar nicht, wie leid mir jedes Mal die Languste tut, wenn ich sie ins siedende Wasser werfe, wenn sie dann versucht, herauszukrabbeln und ich sie wieder zurückstoßen muss. Aber wir essen nun einmal so gerne Langusten - und wie soll man die Tiere sonst zubereiten?“ - So sagte mir einmal eine deutsche Baronin, die für ihr Leben gern Langusten aß und die nicht sehen konnte, wenn ein Fuhrmann sein Pferd schlug oder ein Treiber seinen Esel misshandelte. Sie geriet dann jedes Mal in hellen Zorn. Über ein Vögelchen, das ein gebrochenes Bein hatte, vergoss sie Tränen.

Es ist so schön, sentimental und Mitglied des Tierschutzvereines zu sein; es verpflichtet zu so vielem, nur nicht dazu, seine Tierliebe auch auf essbare Tiere auszudehnen. Was ist eine solche Tierliebe wert? Besteht sie überhaupt? Ich aber weiß, dass Langusten, wenn sie lebend gekocht werden, in ihrer Qual Töne ausstoßen, diese stummen Tiere. Es ist grauenvoll, der Koch und die Hausfrau nennen es fachmännisch und zugleich poetisch: „Die Langusten singen ...“

Genügt Dir das? - Soll ich Dir noch mehr sagen? - Nein, ich glaube, dass Du nun begreifen wirst, dass ich Fische und andere Tiere des Wassers nicht essen kann. Ich würde mir untreu, wenn ich es dennoch täte.

Mein Lieber!

Ich habe den Einwand erwartet, dass ich gerade die Tiere des anderen Elementes zu meinen Schilderungen wählte, da diese vielleicht sehr leiden müssen, weil sie aus einem fremden Reiche kommen und wir ihnen mit unseren so ganz anders gearteten Mitteln einen grässlichen Tod schaffen müssen, fast ohne es zu wollen. Dieses „ohne es eigentlich zu wollen“ glaube ich nicht, ich würde vielmehr dafür setzen: „ohne es recht zu bedenken, oder - bedenken zu wollen.“

Also gut, Du glaubst, dass der Tod der anderen Tiere, der Warmblüter, die unter unseren Bedingungen auf der Erde und nicht im Wasser leben, ein anderer, fast schmerzloser, von ihnen kaum bemerkter, kaum empfundener sei? Wohlverstanden; nicht ihr natürlicher, sondern der von uns ihnen auferlegte Schlacht-Tod.

Ich will Dir zunächst einmal meine Gefühle und Gedanken als Mensch darüber sagen, dann erst Dir erzählen, was ich über ihr Sterben, über ihre Tötung und Schlachtung weiß.

Sehr gut verstehe ich den Menschen, der in der Wildnis haust, sein Leben verteidigend und um seine tägliche Nahrung kämpfend, was auch ihm selbst eine gewisse Wildheit verleiht. Seine Handlungen sind ihm selbstverständlich, denn sie sind aus jener Naturgegebenheit entsprungen, die um ihn her waltet - aus dem Gesetz der Wildnis. Er schleicht, so wie die großen Raubtiere schleichen - verbirgt sich vor der Gefahr, in einem Versteck, so wie auch sie sich verbergen. Er muss fürchten, die Beute irgendeines Stärkeren zu werden - dort aber, wo er der Stärkere ist, muss der Schwächere zittern, ihm zum Opfer zu fallen. Er lauert dem Wild auf, wie das große Raubtier ihm auflauert. Er handelt, wie alle um ihn her, er, ein Teil von ihnen, vielleicht der intelligenteste und dadurch der gefährlichste Teil. Das ist es, was ihn zum gefürchteten König der Wildnis macht. Aber in alledem ist ein schöner, großer Ausgleich geschaffen: ihm, wie jedem anderen Geschöpfe ist es möglich, zu entkommen. Er kann Jahre, ja Jahrzehnte lang in der Wildnis leben, bis er Beute eines anderen wird. All sein Instinkt, seine Intelligenz und Fähigkeiten, ja jede Faser seines Körpers arbeiten dafür: zu überleben - der Gefahr zu entgehen. Und es gelingt, jetzt, heute, morgen - wer weiß, wer kann sagen wie lange? Er genießt in vollen Zügen dieses Leben, die Freiheit, die Natur, ja genießt selbst die Anstrengung und den Kampf mit der Gefahr. Stirbt er, so stirbt er als freies Geschöpf - vielleicht getötet, zerrissen von einem mächtigen Raubtiere - aber all die Zeit bis dahin war er frei, lebte ein herrliches Leben und selbst der grässliche Tod, der ihn trifft, ist ihm ein Vertrauter - hat er ihn doch ein Leben lang vor Augen gehabt, ist er es doch, vor dem er dauernd floh, den er umging, betrog, dessentwegen er seine Sehnen und Muskeln, seine Intelligenz bis zum Äußersten spannte. So lange war er Meister dieses ernsten Spieles geblieben, nun endlich war er ihm unterlegen.

Das, was für ihn gilt, gilt im selben Maße für das von ihm gejagte Geschöpf, Auch die Gazelle, das Reh, das wilde Rind, ja selbst der Hase, leben im gleichen Gesetze wie er, wenn sie auch selbst nicht töten, um zu leben. Auch diese seine Beute erfreut sich eines freien schönen Lebens in der Natur, lebt es mit aller Anspannung des Instinktes, der Intelligenz und des Körpers, um jetzt und wieder und wieder zu entkommen. Fast immer aber ist diese Möglichkeit geboten - irgendeine Intelligenzhandlung, eine Kraftanstrengung rettet noch im letzten Augenblick. - Auch sie alle sind mehr oder weniger Meister dieses ernsten Spieles, und je besser sie es beherrschen, um so öfter gewinnen sie das Leben neu. Frei sind sie so, genießend die Tage, Wochen, Monate und Jahre ihres Daseins. Auch für sie ist der Tod, wenn er kommt, ein alter Bekannter, vor dem man immer floh, der einem oft sichtbar nahe vor Augen kam, und der nun nicht überrascht als ein Unerwarteter.

Ein königlich freies Leben liegt hinter beiden, hinter dem Menschen, wie seiner Beute, es findet einen dramatischen Abschluss, aber es war schön und lebenswert und - man selbst konnte es verlängern, konnte wieder und wieder Sieger in diesem Spiele bleiben.

Du weißt nicht, wie so ganz anders ich seit zwanzig Jahren allen Geschöpfen gegenübertreten kann, wie frei ich dem Reh wie der Taube ins Auge zu schauen vermag, wie sehr ich mich Bruder fühle mit allen, liebender Bruder mit Schnecke, Wurm und Pferd, mit Fisch und Vogel.

Das alles ist der Kreislauf einer schönen Gesetzmäßigkeit. Die Natur ist gerecht, gleicht aus, zahlt begütigend oft schon im voraus für die Wunden, die sie später schlägt. Und: sie ist wahr, sie verbirgt ihre Härten nicht und versteckt ihre Gefahren nicht vor den Geschöpfen. Sie spielt mit offenen Karten und das Geschöpf vertraut ihr - trotz allem, trotz Not und Härte, weil die klare Wahrheit allem den Stachel nimmt.

Du siehst also: ich verstehe den Menschen der Wildnis, das heißt, bemühe mich, ihn zu verstehen - den Menschen als Jäger. Ich sehe ihn als etwas Naturgegebenes, heute noch in der Wildnis lebend, wie unser Vorfahr vor Tausenden von Jahren. Ich habe Jäger gesagt. Aber ich meine damit nicht jenen Mann, der am Sonntag glatt rasiert und gut angezogen, ausgerüstet mit Gewehr und Hunden in den Wald geht, auf die „Jagd". Das ist der Mann, der ein Kulturmensch zu sein glaubt, im Leben eine höhere Stelle bekleidet, belesen und gebildet ist, den man allgemein als „human" kennt.

Dieser Mensch geht durch den Wald, liebt und bewundert die Natur - sie zieht ihn an. Er liebt sie wirklich - er lügt es sich nicht vor. Nein, er genießt begeistert alles - den perlenden Tau, das Grün der Blätter, das Licht, das durch die Wipfel der Bäume fällt, den Gesang der Vögel. Er belauscht entzückt die Tiere, freut sich an allem. Aber - er würde sich schämen, nur dieses Gefühls wegen in den Wald zu gehen. Nein, er ist „ein Mann"! - Er muss ein Ziel haben. - Ist es nicht eine alte und als edel besungene Tradition, das Weidwerk zu üben? Und dieser Mensch, der alles liebt, die gesamte Natur um sich, der ihre Harmonie verspürt und der nur einen Schritt zu machen brauchte, um ganz einzutreten und in ihr aufgenommen zu werden - dieser Mensch bringt Verfolgung, Verwundung, Qual und Tod. - Statt zu lieben, tötet er das, was er lieben könnte, zerstört sich damit sein Paradies.

Also diesen „Jäger" meine ich nicht, dieses unglückliche Geschöpf, das sich selbst außerhalb der Gesetze der Natur stellt - denn was er tut, ist im tiefsten Grunde unnatürlich. Er, der Kulturmensch, der über die Nöte der Wildnis und über ihre Gesetze gehoben wurde durch die Arbeit und das ringende Sehnen unserer Vorväter, die uns Stufen, außerhalb der Wildnis, zum Tempel des Friedens bauten - er verlässt freiwillig diese ersten Höhen, diese ihn erhebenden Stufen, nur um einem niederen Instinkte zu opfern, einem, der ihm vom Raubtiere blieb. - Nicht mehr im Kreislaufe der Naturnotwendigkeiten von einst handelnd, bringt er Verfolgung, Verwundung und leidenden Tod - und er macht es zu einem Vergnügen für sich und zu einem Genuss. Welch trauriger Rückfall! Je zivilisierter, gebildeter und unabhängiger er ist, um so mehr bedauere ich ihn als einen, der auf einem Geleise fährt, das ihn in die entgegengesetzte Richtung dessen führt, was er und alle Menschen erstreben : das Glück der Harmonie.

Seltsam ist auch, wie oft solche Jäger ein trauriges Schicksal erreicht, eines, das sie tief verwundet, so wie sie verwundeten. Es ist eine Hand, die ihnen den Weg zu sich selbst weisen möchte, die ihnen aufzeigt, was es heißt verwundet sein und an diesen Wunden leiden. - Aber wie wenige begreifen.

Soviel über die Ursachen der Tiernahrung, über das Töten durch den Jäger in der Wildnis, den Töter aus Notwendigkeit und über die Entartung durch den Jäger des Sonntags, den Töter aus Vergnügen. Ich habe es Dir so erzählt, wie ich es sehe. Überdenke es selbst.

Was ich hier sagte, wird Dir vielleicht nicht als das erscheinen, was Du erwartetest, aber es war nur eine Einleitung zu dem, was ich weiter erzählen will, war das Aufzeigen des Grundsteines, auf dem das Gebäude unserer tierischen Ernährung steht. Die Weise des Jägers, die Jagd, war die erste Art - wie ich sagte: der Grundstein.

Nun aber will ich Dich nicht länger unruhig lassen. Ich weiß, dass Du ungeduldig auf das wartest, was ich über die anderen Tiere sagen werde, deren Fleisch der Mensch hauptsächlich genießt - denn das Wildbret ist ja fast zu einer Delikatesse geworden, wenigstens in den Ländern, in denen wir leben. Also werde ich Dir vom Rind sprechen, einem der größten Schlachttiere. Schlacht-Tiere - diesen Namen haben wir Menschen geprägt, als sei es die besondere Art und Eigenschaft dieser Wesen, geschlachtet zu werden.

Es gibt Gegenden, in denen die Rinder frei auf der Weide leben, wenigstens einen Teil des Jahres, die schöne Jahreszeit. - Das sind die Glücklichen unter ihnen. Sie leben in der Natur, in den mehr oder weniger abgegrenzten Räumen der Weiden, genießen frische, saftige Kräuter und Gräser, sehen Sonne, Mond und Sterne, atmen die freie Luft der Wiesen und der Berge, genießen das Rieseln des Regens, die Wärme der Sonne, die Erquickung des Ausruhens in friedlicher Natur, auf grünem Rasen. Ihr Leben fließt schön und sogar umsorgt dahin. Kein Missgeschick soll sie treffen, der Mensch selbst versucht, es ihnen fernzuhalten. Die Kühe liefern den Überschuss ihrer Milch, ruhig kauend, umgeben von der beruhigenden Größe der Natur. Ja, es sind das die Glücklichen ihrer Art, sie leben so, Tage, Wochen, Monate, oft Jahre.

Oh, wie beneidenswert muss das Los eines solchen Rindes, einer solchen Kuh dem Artgenossen im Stalle erscheinen! Denn es gibt viele Gegenden, in denen die Rinder das Licht der Welt im Stalle erblicken, meist ein niederer enger Raum, in den nur wenig Licht durch kleine Fensteröffnungen flutet, nur wenig frische Luft von außen dringt. Aber selbst wenn der Platz nicht zu eng ist, der dem Rind bleibt, ist er im Verhältnis nicht sehr viel größer als der Raum, den der Mensch für sich zu letzten Ruhe beansprucht - der Sarg.

Die Unterkunft, die dem Tiere gelassen wird, ist etwas länger und etwas breiter als es selbst ist - um ein weniges nur. Es ist dem Rind unmöglich, sich auch nur ein einziges Mal um sich selbst zu drehen. Aber auch dann, wenn der Raum es gestattete, etwas anderes würde dies verhindern: die Kette. Denn die Kuh oder das Kalb sind angekettet, mit dem Kopfe an einem Balken oder Steine festgehalten - am Trog. Diese Fesselung gestattet dem Tier einen kleinen Schritt zurückzugehen, damit es, wenn ermüdet, sich niederlegen kann, um auszuruhen und zu schlafen. Auszuruhen auf was? Auf einer Streu von welkem Laub oder Stroh. Es lässt sich da gut ruhen. Wenn der Besitzer des Stalles und des Tieres dafür sorgt, dass diese Streu oft genug erneuert wird, ist sie eine angenehme Lagerstätte, tut er es nicht, so liegt das arme Wesen notgedrungen in seinem eigenen Kote. Und sehr oft will man das - damit die Streu besser vom Kot durchdrungen werde und so einen wertvolleren Dung liefere. Doch wird ein guter Tierhalter nicht so handeln, sondern den Kot immer wieder entfernen und sammeln.

Das Rind lebt nun in dieser dumpfen Behausung, in der es im Sommer oft unerträglich schwül ist. Der Morgen beginnt. Man reinigt dem Tiere das Fell, damit sich kein Ungeziefer und keine Hautkrankheit entwickelt. Das ist eine Wohltat, die man ihm erweist. Man schüttet ihm Heu oder frisches Gras in die Krippe, Wasser oder Kleie in den Trog.

Jedoch Deine Formulierung: „Das Tier ist geschaffen, dem Menschen als Nahrung zu dienen", sie kommt mir vor, als würde ein Löwe oder ein anderes Raubtier sich die Lippen lecken und sagen: „Der Mensch ist geschaffen, uns eine gute Mahlzeit zu liefern." Würdest Du bei solch einem Ausspruch nicht lachen? - Und siehst Du, ich lachte auch.

Dann kommt der lange, lange Tag. Es gibt nur drei Dinge zu tun: essen, stehen, liegen. Und das Kalb, im Stalle geboren, wächst auf zwischen diesen düsteren Mauern, in diesem grabeseng begrenzten Raume - Tage, Wochen, Monate ... Seine Mutter, die Kuh, ist auch so aufgewachsen. Nie hat sie eine Weide gesehen, nie das Glück genossen, frei über eine Wiese zu schreiten, ja nie die Erleichterung gehabt, sich einmal um sich selbst drehen zu können.

Unbemerkt fast vergehen so die Jahreszeiten mit ihrem Wechsel, ungekannt und ungenossen bleiben Sonnenschein und Regen. Nur die stickige Luft verändert sich und gierig saugen die Nüstern das ein, was ein Lufthauch von außen bringt, eben so gierig, wie den Duft des Heues und des Grases, der die Tierseele mit Ahnen erfüllt von etwas Wunderbarem, etwas, das in der Ferne liegen muss, weit, dort, woher diese duftenden Gewächse kommen. Die Kette fesselt an das Gefängnis. Es gibt nur eines: stumme Ergebung und - träumen? Ob Rinder träumen können, von einer Wiese, von Wald, Feld und Bergen, die sie nicht kennen? Aber einmal im Jahre löst sich die Kette. Mit Ungewissen Schritten tappt die Kuh hinaus, unsicher, ängstlich, von Püffen zurechtgewiesen, kommt auf den Hof. Dort wird sie festgehalten. Die Sonne scheint - fast tut das den Augen weh. Es ist eine fremde, unbekannte Umgebung, keine Weide. Hausmauern sind da, ein Schuppen, vielleicht sogar ein Baum. Aber die Kuh sieht und ergreift das alles nicht recht, denn sie ist aufgeregt durch das seltsame Geschehen, durch den Wechsel des Platzes - es macht sie unsicher, ängstlich, denn sie hat das Gewohnte verlassen.

Ein anderes Rind steht da, schnaubend - ein kraftstrotzender Stier. Sie kennt ihn nicht, sie fürchtet ihn - sie weiß nicht, wer er ist, sie kann nicht einmal sein Fell beriechen, und sie wittert in dem Schnauben seine Brutalität.

Man hält die Kuh - man lässt den Stier auf sie springen, mit all seiner Gewalt. Sie zuckt zusammen, sie will entfliehen, sich entwinden. Von der einen Seite wird sie gehalten, geschlagen, von der anderen Seite vergewaltigt von dem schnaubenden, kraftstrotzenden Stier, der sich mit der ganzen Brutalität der Brunst auf sie stürzt.

Es ist nur ein kurzer Kampf. Die Gewalt siegt. Die Kuh ergibt sich, und endlich erwacht auch in ihr die Lust am Weben des Geschlechtes, und das Bittere wird süß.

Sobald der Schnaubende sie verlässt, er, den sie kaum gesehen, führt man sie zurück in den Stall, legt sie an die Kette, fesselt sie an den Trog, an die winzige Stelle, auf der sie sich nicht einmal wenden kann. Erst wenn ein Jahr verflossen ist, führt man sie wieder hinaus, zum gleichen Gange; die ganze Zeit überlebt sie in ihrer düsteren, engen Haft, essend, stehend, liegend, an der Kette zerrend, und man löst sie auch nicht, wenn sie mit Schmerzen gebiert.

Wenn dann das Kalb neben ihr liegt, kost die Gebärerin es, glücklich und matt. Es ist ein Neues in ihr Leben getreten, ein beseligendes Gefühl ist in ihrer Tierseele erwacht. Die Gefangene ist nun nicht mehr allein - sie hat ein Kind und mit ihm den Himmel der Mutter erhalten.

Aber lange wird ihr dieses Glück nicht gewährt. Sowie ihr Kind allein essen, sowie es die Milch der Mutter zu entbehren fähig ist, nimmt man es fort, bindet es in einer anderen Ecke des Stalles fest, an einem Platz, an dem die Mutter ihr Kind vielleicht nicht einmal sieht.

Auf ihre Weise schluchzend, ruft die Kuh ihr Kind. Die Menschen, die so viel von Mutterliebe sprechen, schreiben und lesen, die diesem Gefühl einen großen Glorienschein gegeben haben, sie hören das Weinen, die Verzweiflungsschreie, das Flehen - aber sie erhören es nicht. Sie sind erschüttert und vergießen Tränen, wenn einer Menschenmutter ihr Kind geraubt wird - denken aber, dass eine Kuh kein Mensch sei, was man doch klar von außen sehen kann. Und da sie keine Tränen erblicken, glauben sie, eine Kuh könne nicht weinen - da sie keine menschlichen Worte vernehmen, meinen sie, die Kuh könne auch nicht um ihr Kind betteln und flehende Verzweiflungsrufe ausstoßen. Sie hören zwar in den Tönen, die das Tier von sich gibt, dass etwas Ähnliches in ihm vorgehen muss wie in der Menschenmutter. Weil sie sich aber darauf berufen können, diese Wort nicht zu verstehen, so sagen sie, eine Kuh könne nicht reden. Sie wollen aber auch diese Sprache gar nicht verstehen, sonst müssten sie vielleicht ihr Flehen doch noch erhören, und das wäre unangenehm, denn es ist so viel praktischer und nützlicher, die Mutter vom Kinde zu trennen - es ergibt große Vorteile... die köstliche Milch, eigentlich die angestammte Speise des Kuhkindes.

Und statt des Kindes, das man von ihrer Seite riss, statt dieses geliebten Wesens, das ihre Einsamkeit erhellte und teilte, kommt nun täglich ein Mensch und melkt sie, zieht ihr die Nahrung ihres Nachkommen aus dem Euter. Zuletzt wird sie noch dankbar dafür, denn der ungetrunkene Saft würde ihr nur schmerzende Qual bereiten, da die Natur bestimmt hat, dass er aus ihrem Leibe gesogen werde.

Und alles ist, wie es immer war: Kette - Trog - Krippe - stehen - liegen - und nun auch noch gemolken werden. Dumpfe Luft umher, Mauern, ein wenig Licht durch trübe kleine Fenster. Sie bleibt die eng gefesselte Gefangene, die Arme, aus deren Leid und Verlust die anderen gewinnen. Denn es ist immer so: das meiste geben die Armen, Elenden.

Ob ihr Träume geschenkt sind, Träume über den Duft des Heues, über das vergangene Erlebnis mit dem Stiere, Träume und Erinnerungen an ihr Mutterglück und ihr Kind? - Ich hoffe es.

So verfließen Jahre, viele Jahre, lange Jahre - eines wie das andere, sechs, acht, zehn - bis... ja, bis sie alt und knochig geworden ist, bis kein Kind mehr aus dem Leib der Gefangenen sprießt und der Bronnen der Milch in ihr versiegt. Dann - ja, dann - aber davon will ich später sprechen. Das heißt, was ich Dir jetzt weiter erzähle, ist schon der Anfang zu diesem „später“.

Ich habe Dir über das Rind der Weide erzählt und über das Rind des Stalles, wie sie ihr Leben verbringen. Nun will ich von ihrem Sterben und von ihrem Tode sprechen, den der Mensch ihnen schon vor ihrer Geburt erdacht und bereitet hat.

Das Rind der Weide wird plötzlich gefangen und fortgeführt - nehmen wir an, mehrere Rinder. Da sind junge Tiere, die erst ein halbes Jahr die Lust der Weide genossen und andere, die schon ein Jahr zählen oder zwei. Unter ihnen ist auch eine Kuh, um die ihr junges Kalb hüpft - eine, die nicht mehr genügend Milch gibt, die Schwester jener Kuh aus dem Stalle. Man reißt ihr Kind, das Kalb, von ihrer Seite und sie von ihrem Kinde.

Das Junge ruft kläglich nach der Mutter und die Mutter schreit verzweifelt nach ihm. Doch der Knecht, mit seinem dicken, harten Holzknüppel, treibt sie unerbittlich fort. Je mehr sie sich sträubt, um so unbarmherziger und dichter fallen die Schläge. Sie ist am Kopfe angebunden und wird am Stricke geführt, wie die anderen Rinder, auf die brutal die Schläge fallen. Die Treiber denken, sie müssen es tun, dass sie kein anderes Mittel finden, der großen Tiere Herr zu werden, sie nach ihrem Wollen zu leiten, denn Angst und Verzweiflung wühlen in den starken Rindern. So treffen die Schläge die empfindlichsten Stellen, die der Mensch kennt: den Kopf, die weiche Nase. Es ist ein Ringen, ein Kampf. Das Wollen und der Instinkt der Tiere ist: zurück zu der vertrauten Weide! Der Sinn der Treiber jedoch: vorwärts auf dem befohlenen Wege! Diese zwei entgegengesetzten Willen ringen miteinander, doch die größere Intelligenzkraft des Menschen siegt, verbunden mit seiner Brutalität, die das gesteckte Ziel erzwingen will.

Und der Weg ist lang.

Das aber, was dem Tiere der Weide geschieht, geschieht ebenso dem Tiere des Stalles - ihr Schrecken, ihr Trennungsschmerz und Leiden ist dassel be. Auf diesem Wege treffen sich die, deren vergangenes Leben so verschieden war. Der Arme vom Stall und der Reiche von der Weide begegnen sich auf der Straße zum Tode, auf der Du sie in Deinem geistigen Auge ziehen siehst - ihr Todesgang beginnt erst dort, es kann ein kurzer, aber auch ein sehr langer Weg auf der Landstraße sein, an dessen Ende meist der Güterzug, der Viehwagen wartet.

Der Angler aber sitzt am Wasser, blickt auf den Schwimmer, denkt und fühlt den köstlichen Sonntagsfrieden rings um sich her. Er ist ganz in diesem Gefühl der Naturbewunderung aufgelöst, lauscht dem Gesang der Vögel und freut sich, dass diese kleinen Sänger heute in unseren Gegenden ein sicheres, geschütztes Leben haben, frei von Nachstellungen durch den Menschen, dank einer Gesellschaft, zu der auch er als anerkannt wertvolles Mitglied gehört: dem Tierschutzverein.

Du sagst: „Endlich! - Jetzt ist die peinvolle Wanderschaft beendet, das ermüdete Rind findet im Wagen seinen Ruheplatz, kein Schlag wird es mehr treffen, da es ja nicht mehr getrieben wird, da es nun an einem Zwischenziele angelangt ist."

Dein Gedankengang ist richtig - folgerichtig - und doch ist es anders. Der Weg, der schwere Leidensweg, den das Rind nun nicht mehr geht, sondern fährt, ist der des Hungers und des Durstes.

Du machst erstaunte Augen und fragst: „Wieso des Hungers? - Man wird die Rinder schon mit Heu versorgen - eine solche Betreuung für Tiere, die mit der Bahn zu befördern sind, gibt es in jedem Bahn- und Frachtverkehr und wird pünktlich und gut ausgeführt."

Du hast recht: - Das liegt jedoch ganz in der Hand des Mannes, der die Beförderung veranlasst. Er muss die Order dazu geben, denn er ist der Besitzer der Tiere und verpflichtet, für ihre Verpflegung zu bezahlen oder sie selber besorgen. Aber der Aufkäufer von Vieh gibt diese Order nie oder selten; er wird sie meist nur dann erteilen, wenn es sich um einen sehr langen Transportweg handelt, bei dem das Vieh am Bestimmungsorte verhungert ankäme. Im Gegenteil, er erteilt dem begleitenden Transportpersonal meist strengste Anweisung, jegliche Fütterung seines Viehes zu unterlassen. Denn der Mann, von dem wir sprechen, ist entweder ein Schlächter oder der Aufkäufer für einen Schlächter.

Für beide ist der Transport nur eine Zwischenstufe - sie haben stets das Ziel vor Augen: den Schlachthof, sehen im Geiste diese Tiere schon getötet, mit weit aufgeschnittenen Leibern daliegen, sehen, wie man sie „ausschlachtet", ihnen die Eingeweide aus dem dampfenden, geöffneten Leibe nimmt. Je leerer aber diese Eingeweide, die Därme, sind, um so reiner sind sie, um so weniger Arbeit verursachen sie. Ein gefüllter Magen jedoch erzeugt einen gefüllten Darm. Nein, die Därme müssen so leer wie möglich sein! Dazu aber ist die erste Voraussetzung, dass auch der Magen so leer wie möglich ist. Das heißt mit anderen Worten: man darf die Tiere nicht füttern. Und sie werden nicht gefüttert.

Ein Güterzug fährt verhältnismäßig langsam, und so erreichen auch die Tiere nicht schnell ihr Ziel. Oft sind sie ein, oft zwei, oft drei Tage und mehr unterwegs - ohne Nahrung. Bis zu drei Tagen hungern lassen schadet nicht - dabei ist noch keine Gefahr, dass das Rind eingeht. Und schließlich kann man es auch ein oder zwei Tage länger wagen - wenn das Tier nicht zu sehr „vom Fleisch fällt", das heißt abmagert, oder - wenn es kein zu junges Tier ist. Ein Kalb natürlich würde sterben. Nur kein Risiko eingehen!

Das denkt der Mann, dem die Tiere gehören und der sie zum Schlachten führen lässt. Gegen das Tränken hat er meist nichts einzuwenden - aus Gedankenlosigkeit oder Faulheit wird es jedoch oft unterlassen. Welche Qual aber Durst besonders im

Sommer sein kann, weiß jeder von uns. Was mag das verängstigte Tier fühlen, das endlich in dem Halbdunkel des Waggons etwas Ruhe findet, nach Schrecken, Schlägen und vielen unbekannten neuen Eindrücken? Wie wohltätig wird es zuerst diese Ruhe empfinden, dieses Alleinsein, ohne Gegenwart des stets Gefahr bedeutenden und Furcht einflößenden Menschen.

Doch dann? -

Das Rind des Stalles weiß die Futterzeit, sein Magen reagiert darauf wie eine Uhr. Das Rind der Weide vermisst die duftenden Kräuter schmerzlich, die es zu sich nahm, wenn es Lust und Hunger verspürte. In all dem Neuen und Ungewohnten geht dieses Hungergefühl zuerst unter. Doch nicht nur Stunden vergehen so, es vergeht ein halber Tag, ein ganzer Tag - eine Nacht - und wieder ein Tag - und wieder eine Nacht. Jede Stunde ist der Hunger da, wächst größer und größer, wird zu einer Verzweiflung.

Die Tiere rufen zuerst, bitten, fordern - dann aber schreien sie um Hilfe. Niemand ist da, der sie erhören würde. Unter ihnen rollen Räder - jeder Ton verhallt unbeantwortet, als sei er nie ausgestoßen. Schwäche setzt ein, Mattigkeit, Todesfurcht.

Doch da, als schon keine Hoffnung mehr scheint (denn ich weiß, dass auch Tiere hoffen können), verlangsamt der Zug sein Tempo - hält. Die Türen werden geöffnet, helles goldenes Licht flutet blendend herein. Eine rohe Hand bindet die Stricke los, ein unerbittlich harter Knüppel schlägt zu, treibt an. Aber was bedeutet das dem gegenüber, dass sich eine Tür aufgetan hat, eine neue Hoffnung, dass durch diese Tür die Gefangenen geblendet schreiten, wie in ein neues Leben, wie in ein neues Glück? Der Hunger hat jedoch auf den Körper gewirkt. Die ersten drängenden Schritte gelingen, dann aber wird der Gang taumelnd. Eines der Rinder bricht in die Knie - ein starker Schlag peitscht es wieder hoch.

„Gut ausgeleert“ - sagt der Treiberknecht fachmännisch anerkennend -, „na, wir werden sie schon bis hin bringen die paar Kilometer.“

Die wankenden Tiere trotten vorwärts.

Wieder bricht ein Rind in die Knie und wieder eines. Von Mal zu Mal wird es schwieriger die Zusammengebrochenen hochzuschlagen. Eines kann sich nicht mehr aufraffen - es ist das körperlich schwächste Tier der Gruppe. Vergeblich bemühen sich die Treiber. Doch sie kennen das - es kommt ja dauernd vor -, sie haben dafür ihre Kniffe. Wenn die härtesten Schläge, die schlimmsten Tritte und das Herumdrehen des Schwanzes versagen - sie verzweifeln nicht - o nein - sie wissen noch so manche Sächelchen, die man machen kann. Freilich, verraten darf man sie nicht, höchstens ein Kollege dem anderen, denn das ist ein Berufsgeheimnis. Würde man es anderen Menschen zeigen, dann würden sie nur von Tierquälerei sprechen - aber sollen sie nur selber einmal so ein Stück Vieh zum Schlachthof bringen, das ihnen dauernd zusammenfällt, dann werden sie schon sehen! Was will man da anderes machen? Man kann doch die Tiere nicht liegen lassen.

Und sie erreichen ihr Ziel, es gelingt ihnen, das Vieh an Ort und Stelle zu bringen, auf den Schlachthof.

Von ferne schon hört man das Brüllen der Rinder - laut das jener Tiere, die im Freien stehen - und gedämpfter das der anderen, die in den Ställen sind. Es ist kein Rufen, das freudig den Tag begrüßt, oder das Futter in der gefüllten Krippe - solche Schreie sind selten in einem Schlachthof. Es sind Töne der Angst und Verzweiflung, die mit den Schreien des Hungers gemischt sind.

Die angetriebene Herde lauscht und tritt erschauernd über die Schwelle des Schlachthofes.

Tiere haben einen sehr feinen Instinkt - in Zeiten der Gefahr aber ist er viel schärfer als sonst, sie empfangen durch ihn Signale, die der Mensch längst nicht mehr von diesem Maße aufnehmen kann. Nur selten noch haben wir es uns erhalten, dieses Gefühl, das man „Ahnung“ nennt und das unserem innersten Wissen nah-zukünftige Geschehnisse entgegenträgt wie beängstigend beizenden Rauch, der uns wissen macht, dass wir auf ein Feuer zuschreiten.

Das Rind bläht entsetzt die Nüstern, wittert Blut - will fliehen, mit letzter, geschwächter Kraft. Zu spät! Die Schwäche und der Mensch sind stärker.

Überall lastet Blutdunst - von überall her tönen verzweifelte Schreie, und das Rind mischt seine Stimme in diese Schreckensrufe.

Der Weg, den es heranwankte, ist beendet, der erste und der zweite Weg - aber der dritte und schwerste steht noch vor ihm -, es ist der kürzeste, denn es ist der Weg zum Tode. Die anderen Ereignisse waren nur seine Vorhöfe, sie sind durchschritten und durchwankt.

Lange wartet das Rind, steht in glühender Sonnenhitze oder bitterer Winterkälte, steht wartend in einer Ecke des Schlachthofes, ahnend und bang. Dann aber geht es die letzten Schritte, wird hineingeführt in das Haus des Todes. Kein Sträuben hilft. Der Geruch des Blutes dringt ihm bei jedem Schritte mehr in die Nüstern und die weichliche Luft geöffneter warmer Leiber, die schrecklicher ist als schneidende Eiseskälte, durchdringender als glühende Sonne. Vergossenes Blut klebt an der Schwelle, Blut ist überall auf dem Boden, bedeckt ihn glitschig, bringt Mensch und Tier in die Gefahr des Gleitens und Fallens.

Weit und erschrocken sind die Augen des Rindes aufgerissen, von Grauen gebläht sind die Nüstern. Es sieht aufgeschlitzte Leiber, aus denen geschäftige, mit rotem Blut überdeckte Menschenhände und Arme wühlend die Gedärme ziehen.

Dann erblickt es den riesigen Stier, der dort zitternd steht, sieht, wie er von schwerem Schlage getroffen umsinkt, wie ein Baum im Walde, den Holzhauer fällten. Schwer und dumpf ist der Sturz. Blut strömt aus der geöffneten Ader - breit wie ein Wasserstrahl - eine rote dampfende Quelle. Noch zuckt der riesige Tierleib.

Da greifen auch schon blutbespritzte Hände nach dem neu angekommenen Rinde, zerren es vor, den letzten Schritt zu tun, den Schritt zum Tode.

Von Grauen erstickt, schweigt die Stimme des Tieres - nur die aufgerissenen Augen schreien, schreien Entsetzen, schreien Hilfe, schreien Gnade. Doch da werden diese angstvollen Augen auch schon zugebunden. Dunkel umfängt das zum Tode verurteilte Geschöpf.

Die Nüstern des entsetzten Tieres beben bang. Der Schlag fällt, dieser letzte und daher wohl auch gütigste, den es im Leben empfängt.

Der Weg ist beendet, das Ziel erreicht. Weites Dunkel senkt sich herab über unseren Tierbruder, dasselbe Dunkel, das sich einst über uns senken wird. Oder ist es kein Dunkel? Ist es vielleicht ein solch unermesslich weites Lichtmeer, dass unsere schwachen Augen, davon geblendet, es nicht wahrnehmen können und so das Hellste und Lichteste für das Dunkelste halten?

Ich habe Dich den Weg bis zu Ende geführt und weiß, Du hast ihn vor Dir gesehen, bist ihn mit mir gegangen. Ich glaube diesem Briefe ist nichts mehr hinzuzufügen; alles, was ich Dir noch sagen könnte, wirst Du in Dir selbst hören.

Mein Lieber!

Wie konnten die Leute Dir anderes sagen, als was sie Dir geantwortet haben? Ich höre sie reden von der Zweckmäßigkeit, Nützlichkeit und - Selbstverständlichkeit solcher Handlungen, wie das Schlachten sie mit sich bringt. Vielleicht haben sie Dich sogar davon überzeugt. Aus Deinem Briefe ist es zu erfühlen. Ja -, wenn man nur von der Notwendigkeit ausgehen würde, könnte man ihnen in manchem recht geben. Aber ist eine solche Notwendigkeit vorhanden? Das ist bestreitbar. Vielleicht besteht sie jedoch für diejenigen, die noch nicht „Einzelne" geworden sind.

Aber ich spreche ja nicht zu ihnen - ich schreibe diese Briefe doch Dir, einem Einzelnen, einem Individuum, das erwacht ist, das sich bewusst geworden ist und sich innerlich wie äußerlich für seine Taten verantwortlich fühlt.

Besteht für solch einen bewusst gewordenen Menschen die Notwendigkeit zu schlachten? Wenn ja, dann soll dieses Individuum auch den Mut haben, das mit eigener Hand zu verrichten. Denn es ist eine ganz erbärmliche Feigheit, andere Menschen dafür zu bezahlen, dass sie die blutige Arbeit tun, vor der man selbst sich scheut. Man gibt ihnen einige Pfennige für dieses Werk, holt bei ihnen den begehrten Teil des Getöteten - möglichst schon so zubereitet, dass er nicht mehr an das Gewesene erinnert, weder an das Tier, noch an Tötung und Blut.

Ich denke da an Leo Tolstoi und die Geschichte, die man von ihm berichtet:

Eine Tante Tolstois hätte ihn gerne einmal besucht, aber die Reise war sehr weit und sie fürchtete sich vor seiner berühmten fleischlosen Küche. Dabei aß sie für ihr Leben gern Kapaunen. Sie schrieb Tolstoi ihre Bedenken. Er antwortete, sie möge nur ruhig kommen, alles was sie wünsche, würde sie zur Tafel vorfinden, auch Kapaunen. Die Tante kam.

Als das erste Essen serviert wurde, fand sie neben ihrem Gedeck ein Schlachtmesser liegen und an ihr Stuhlbein angebunden einen üppigen Kapaunen:

„Liebe Tante, Du musst das Tier nur schlachten, wir werden es Dir dann gerne aufs beste zubereiten" - so sagte Leo Tolstoi freundlich und lächelnd. Denn er kannte das Menschenherz wohl - und vor allem das Herz der Tante, welche auf der einen Seite zu schwach war, das Tier zu töten, auf der anderen aber auch zu schwach, um der Versuchung eines Leckerbissens widerstehen zu können.

Die Fleischesserin sah das lebende Tier, blickte auf das große Schlachtmesser und fühlte, dass sie etwas für ihr eigenes Gefühl Grässliches tun sollte, begriff, dass sie bisher von anderen Menschen verlangt hatte, dieses Grässliche für sie zu tun. Man sagt, diese Tante Tolstois habe nie mehr Fleisch gegessen.

Das nun war ein halbwacher Mensch, bei dem ein gröberer oder feinerer Anlass genügte, ihn zu völligem Erwachen, zu völliger Klarheit über seine Handlung zu bringen.

Aber die anderen, die Unerwachten, schau Dir an, was sie ohne vieles Nachdenken tun - und sage mir, ob Du es noch zu tun fähig bist, denn wir Menschen sind zu allen Taten und Un-Taten fähig; alles Böse und Gute ist unserem Wollen möglich, doch gibt es Dinge, über die wir hinauswuchsen. Deshalb fragte ich, ob Du noch dazu fähig bist, denn einmal vielleicht warst Du es.

Sieh, da hüpft das junge Lamm, die junge Ziege, weiß, unschuldig, vertrauensvoll; - sie springen über blumige Wiesen im Sonnenschein. Und der Mensch, der das fühlt, der sich daran ergötzt, dieser selbe Mensch greift zum Messer, durchschneidet dem Tiere die Gurgel. Es gibt ihm das vielleicht sogar einen kleinen Schmerz, einen kleinen Stich in sein Gefühl - aber er lässt dieses Empfinden erst gar nicht aufkommen. Es muss ja sein, was er tut - von alters her ist es Brauch. Morgen ist Fest und man feiert es immer mit dem Fleisch zarter Lämmer.

Er wäscht seine Hände, die voll Blut sind, und denkt an das Fest: Ostern - Fest der Liebe -.

Die Hand, die dies tut, ist meist eine zarte Frauenhand, die einer guten Mutter, welche ihren Kindern und ihrem Manne solch ein schmackhaftes Mahl bereitet. Es ist die Hand einer Frau, die sonst vielleicht ein ganz gutes Herz, vielleicht sogar ein sehr weiches Herz hat, wenigstens für ihre Lieben, die leicht gerührt ist, wenn sie fremder Menschen Leid sieht.

Ist es nicht traurig, dass einmal, vor zweitausend Jahren, ein Menschen-Lamm geschlachtet wurde, um seiner Überzeugung und um seiner Sanftheit willen? Ist es nicht traurig, dass die Menschheit sich an diesem einen schrecklichen Geschehen nicht genügen lässt, dass sie jedes Jahr zur Osterzeit den Mord wiederholt - an Millionen Lämmern?

Du sagst, das sei eine Ausnahme - so böse sei der Mensch nicht, wie ich ihn sehe. Aber ich will Dir andere Tiere zeigen, die er durch seine Fürsorge und scheinbare Liebe betört, um sie sicher im Netze des Ihnen zugedachten Todes zu halten.

Sieh die zärtlich gekoste Taube. Wie viel Rührendes und Schönes wird ihr nachgesagt; wie besingt sie der Mensch, wie ist sie ihm ein Inbegriff des Friedens! Doch was bedeutet sie ihm in Wirklichkeit anderes, als heute einen Zeitvertreib, ein Dekorationsstück, und morgen - einen Leckerbissen? Glaubst Du da noch an den edlen Sinn des Menschen? Eine Taube zu schlachten, es wirkt im Gemüt wie die Tat eines Monstrums - in unserem Alltag aber ist es ein ganz gewöhnliches Geschehen, worüber niemand spricht, um das kaum einer sich Gedanken macht. So wenig stimmt Gefühl und Handeln der Menschen überein. Hörst Du, wie süß und lockend die Stimme der Fütterin klingt, wie sie den Hühnern und dem anderen Federvieh goldene Körner streut? Sieh, wie mit ebenderselben Hand sie den Tieren nach der Gurgel fasst, sie erwürgt, wie sie schon Hunderte erwürgte.

Ich traue der Hand nicht, die eben noch ein Kaninchen streichelt und die in der Küche schon das Messer gewetzt und bereitgelegt hat für eben dieses Kaninchen - oder für ein anderes, das fetter ist.

Ja - ich fürchte mich vor diesen Händen. Sollten sie nicht gleicher Tat am Menschen fähig sein?

Du schüttelst den Kopf. Ich aber sage Dir: - eine große Zahl dieser Hände würde genau so an den Hals eines Menschen fahren, wie an den eines Huhnes, würde ihn genau so umbringen. Und wie das Kaninchen nur geschlachtet wird, wenn es fett genug ist, so würden dieselben Hände auch den Menschen nur töten, wenn der Vorteil, den sein Tod brächte, groß genug wäre - wenn es sich lohnen würde.

Du sagst nein - ich sage ja! Denn alles beginnt im Kleinen - alles lernt man im Kleinen... auch das Töten. Ich weiß: diese selbe Hand wäre bereit. Was sie aber hält, so fest hält, dass nur ganz wenige Hände sich trotzdem zu rühren wagen, es ist - das Gesetz. Hebt dieses Gesetz sich selbst auf, wie zum Beispiel im Kriege - wie triefen dann diese Hände von Menschenblut. - Es ist gar nicht so schwer, man hat es ja gelernt ... im Kleinen ...

Ich will Dir eine Geschichte erzählen, sie geschah in einem kleinen Orte Frankreichs, und einer meiner besten Bekannten erlebte sie:

Durch die Gasse des Dorfes kam ein Kind gelaufen, ein Mädchen von etwa fünf Jahren. Aufgelöst in Schrecken und Grauen rang die Kleine, verzweifelt und wie hilfeflehend die Hände, schreiend:

„Meine Mutter ist eine Mörderin! Meine Mutter ist eine Mörderin!“

Von den Furien dieser furchtbaren Erkenntnis gehetzt, rannte das Kind verzweifelt zum Dorfe hinaus, nicht wissend, wo es sich bergen sollte vor der grausigen Tatsache.

Im Dorfe entstand Tumult.

Was war geschehen? Man ging nachsehen. Aber dann ... dann kamen alle zurück, laut lachend und mit amüsierten Gesichtern.

Bei der Caterine war alles in Ordnung. Das Kind, das dumme Ding, hatte ein ganz unnötiges Geschrei gemacht. Aber eigentlich war sie doch recht amüsant, diese kleine Geschichte. Und sie lächelten stillvergnügt in sich hinein. Die Mutter, die Caterine, hatte ja nur Claires Lieblingsente geschlachtet, den Jean. Na, die Claire würde sich schon wieder beruhigen.

Belustigt gingen sie zurück zu ihren Verrichtungen.

Und das Kind? Ob dessen Seele wieder lächelnd zurückfand an den alten Platz? Ob es der Mutter gegenüber je wieder so empfinden konnte wie zuvor?

Ich glaube, viele Eltern töten nicht nur Enten und Kaninchen - viele Eltern töten in der Seele ihrer Kinder den schönsten und edelsten, den zartesten und wichtigsten Teil - ertöten ihn ganz früh schon, Tag für Tag, morden die schönste und friedenbringendste Regel: „Du sollst nicht töten."

O wenn ich an das alles denke, dann sehe ich die Untaten der Menschheit vor mir stehen, jene Sünden, an Tieren begangen, Grausamkeiten, deren manche fast so alt sind wie die Menschheit selbst.

Und ich denke an das Tier, das sich, so viel es kann, wäscht und sauber hält - an das Schwein. Ich spreche hier von dem Stall-Schwein, nicht von seinem Bruder in anderen Ländern, der in Herden auf der Weide lebt.

Welch eine Verkehrung der Begriffe hat der Mensch da hervorgebracht -. Aus dem sauberen Tier ist der Inbegriff des schmutzigsten Wesens geworden.

Um das Schwein zu mästen, zwängt es der Mensch in einen kleinen Raum, so dass es sich kaum bewegen kann. Er zwingt es so, im eigenen Kote zu liegen. Dieses Tier aber ist von Natur so sauber, dass, falls ihm nur genügend Platz gelassen wird, es seine Notdurft stets in einem Winkel verrichtet, stets am gleichen Ort - nie beschmutz es dann seine Umgebung oder sein Lager. Der Mensch jedoch, der ihm Schmutz und Unrat aufzwang, vergewaltigte auch das menschliche Denken zu dem neuen Begriffe:

„Schwein“. Und er sagte: „Schaut her, wie schmutzig es ist - wie es sich in seinem eigenen Kote wälzt!“ Die Tatsachen gaben ihm recht - was kurzsichtigen Augen als Tatsachen erschien. So wurde aus dem Schwein der Inbegriff alles Schmutzigen. Aber die Ursachen? Die Ursachen hatte der Mensch geschaffen - und so wäre es eigentlich der Name „Mensch“, der zum Inbegriff des Schmutzes hätte werden müssen. Vielleicht ist er es auch bei den Tieren - wer kann es wissen? Vielleicht ist es für sie ein ebensolches Schimpfwort wie bei uns der Name „Tier“.

Aber sei ruhig - (denn ich fühle, Du wirst erregt) - glaube nicht, die Menschen hätten diese Methode nur den armen, harmlosen Vierfüßlern gegenüber. Glaube mir - dieselbe Methode wenden sie auch untereinander an - einer gegen den anderen.

Und schau, wie die Gier des Menschen nach allem greift. Nicht genug, dass er das Fleisch der Tiere begehrt, sich zu nähren, ihr Fell, sich zu kleiden. Sieh, den Menschen gelüstet es nach Schillerndem. Da tötet er Wesen mit buntem, weichem Fell, mit leuchtendem Gefieder - nicht zur Notdurft - nein, zur Zierde. Und er geht so weit, dass er um der Haut willen selbst Tiere ernährt, die er sonst meidet - zum Beispiel das wilde Krokodil. Es wird zahm und folgt ihm, gläubig wie ein Hund. Aber die Güte des Menschen ist weniger echt noch als die von ihm erfundenen Krokodilstränen. Er füttert es, zähmt es - und - er tötet es um der Haut willen. Ja, der Mensch zieht sogar seine Todfeindin groß, die Schlange. Doch dafür wird ihr Tod ein um so grässlicherer. Bei lebendigem Leibe wird ihr das Fell vom Rumpfe geschält. Zarte Damen tragen dann später Schuhe aus dieser Haut und zierliche Taschen.

Begreifst Du nun, warum ich auch kein Leder trage?

Du wirst sagen: Leder ist nur ein Nebenprodukt, das Rind wird seines Fleisches, nicht aber seiner Haut wegen getötet. Du hast recht. Auch ich dachte einst so. Und doch weiß ich heute, dass oft ganze Herden nur des Felles, des Leders wegen, geschlachtet werden. Das geschieht, wenn für das Fleisch der Tiere kein Absatz zu finden ist.

Doch genug von dem vielen Tod. Ich will Dir von etwas anderem noch sprechen, von der Sklaverei, die der Mensch über viele Wesen gebracht hat und davon, welch unerbittlicher Fronvogt er ist.

Nicht nur vor Tausenden, nicht nur vor hunderten von Jahren gab es Sklaven. Nein, heute noch hält sie der Mensch, hält sie in Verhältnissen, die seiner Würde und seinem Gerechtigkeitssinne ein trauriges Zeugnis bekunden.

Ich denke an unsere Zug- und Lasttiere, vor allem an den starken Ochsen, den willigen Esel, das sicher schreitende Maultier und das mutige Pferd.

Nimm das Dasein eines Pferdes in unseren westeuropäischen Ländern. Wenn ihm viel geschenkt ist an Freude und Glück, dann die ersten zwei Jahre seines Lebens. Nachher... ein Los - unglaublich in seiner Härte und doch wahr und doch von Tausenden und Hunderttausenden von Pferden getragen und ertragen.

Es wurde gezähmt. Ich spreche jetzt nicht von dem glücklichen Bruder, dem Reitpferd, das vielleicht verwöhnt und gestreichelt sein wird nach seiner Zähmung, ich spreche von dem unglücklichen Bruder, von dem Wagenpferd.

Es erhält seine Unterkunft im Stall, meist in einem trüben Raum mit wenig Licht. Die Abgrenzung, in die es verbracht wird, ist etwas größer als das Pferd selbst. Vor ihm ist die Krippe. Der Herr mag wechseln, der Stall wird fast immer das gleiche Bild zeigen: Ein Platz, etwas größer als das Pferd ist - immer.

Und das Pferd lebt das Leben eines Sklaven: Morgens, wenn es froh wiehernd erwacht, wird ihm Futter gereicht und ein Trunk Wasser - das Fellkleid wird ihm gereinigt, glänzendgekämmt und gebürstet. Dann beginnt der Tag - das heißt das Tagewerk.

Froh wiehernd tritt das Pferd aus der Enge des Stalles, begrüßt das helle Licht der Sonne, die freie Sicht der Augen.

Der Weg ist beendet, das Ziel erreicht. Weites Dunkel senkt sich herab über unseren Tierbruder, dasselbe Dunkel, das sich einst über uns senken wird. Oder ist es kein Dunkel? Ist es vielleicht ein solch unermesslich weites Lichtmeer, dass unsere schwachen Augen, davon geblendet, es nicht wahrnehmen können und so das Hellste und Lichteste für das Dunkelste halten?

Der Wagen wartet seiner. Schon im Stall wurde es mit Riemen und Gurten umschirrt, ihm Halfter und Zaum angelegt. Nun werden die Stränge gelöst und mit dem Wagen verbunden, diese Stricke, die es fesseln, an den Wagen binden, in die Fron des Tages ketten. Und die Arbeit beginnt.

Unsichtbar über allem schwebt das, was wir Schicksal nennen. Es gibt dem einen Sklaven ein leichtes, den anderen ein schweres Los. Einer zieht mit letzter Kraft ungeheuere Lasten - Karren, deren Räder knirschen vom schweren Gewicht der Waren, des Eisens, des Sandes, der Steine, der Balken, oder was immer - ein anderer läuft fröhlich trabend vor einem leichten Gefährt. Schicksal... Einer hat einen Herrn, der voll Erbarmen ist, der nie mehr verlangt, als die Kräfte zu leisten vermögen, der Ruhe gönnt und Pausen, der Schatten verschafft vor dem Stechen der Sonne und Schutz vor Regen und Schnee, der reichlich Futter gibt und noch darüber hinaus einen Leckerbissen, ein gutes sanftes Wort, ein Streicheln. Ein anderer Sklave aber hat einen Herrn, der sich selbst zu viel ist, der Unmögliches verlangt, der dieses Unmögliche erbarmungslos fordert und dessen Peitsche ohne Mitleid die letzten Kräfte herausholt. Er gibt viel Schläge und wenig Hafer - gönnt dem ihm Ausgelieferten nur geringe Ruhe, schützt ihn nicht vor dem Stich der Sonne, nicht vor Regen und Frost - statt guter Worte spendet er schreiende Flüche, statt eines

Leckerbissens gibt er einen Tritt in den Leib. - Schicksal.

Aber ein Los haben beide Sklaven gemeinsam: Der Strang bindet, die Deichsel hält sie - stets ist die Last hinter ihnen, die sie zu schleppen haben, durch ungezählte Tage, Wochen, Monate, Jahre, durch ein ganzes, langes Leben - so wie die Galeerensklaven vergangener Zeiten jene große eiserne Kugel nachschleppten, an die sie gekettet waren.

Wiesen blühen zur Rechten - ein Bach lacht zur Linken, lacht aus erfrischendem Grün. Aber der Zaum und die Peitsche halten den Sklaven.

Dieses frische Gras dort am Wege, diese hohen Halme, wie köstlich müssten sie schmecken! Nur ein wenig dort drüben im Schatten gehen! Aber der Zaum und die Peitsche halten den Sklaven. Ausruhen jetzt, still stehen, ausatmen - wenige Augenblicke nur frische Kraft schöpfen! Aber die Peitsche treibt den Sklaven.

Dort - der Bruder, die Schwester - eingespannt, festgebunden an Lasten - gleiches Geschick. Zu ihnen gehen, sie willkommen heißen, sie begrüßen, trösten, kosen - sich selber kosen und begrüßen lassen. Da - jetzt sind sie neben ihm. Ein Schritt noch und die Nähe ihres Atems wird fühlbar, das sanfte Schnauben ihrer weichen Nüstern. Aber die Peitsche treibt den Sklaven und der Zaum hält ihn zurück.

Der Tag ist lang, schwer ist die Fracht; wie durch Zauberei wird das Gefährt leicht und wieder schwer. Warten in staubigen Straßen, ein wenig Futter vor sich, dann weiter, immer weiter, auf endlosem Weg.

Ja - auf endlosem Wege - denn dieser Gang ist ohne Ende - selbst wenn er nur wenige Kilometer zählen würde - er ist ohne Ende - ohne Ende.

Nur der Abend bricht eine Lücke in dieses Unaufhörliche. Müde der Mann - müde der Sklave. Matte Hände binden Stricke los, befreien das Pferd von seiner täglichen Last. Vor Freude wiehernd trottet es in den Stall, auf das kleine Fleckchen, das ihm gehört, diese Stelle, die etwas größer ist als der eigene Körper. Und das Pferd findet die Krippe, findet sein Abendbrot und den Trunk Wassers, der ihm gereicht wird. Es stärkt sich nach all der Mühe und Last des Tages für - morgen. Golden aber winkt das größte Geschenk aller Elenden: der Schlaf. Denn die Götter machen im Schlafe wie im Tode alle gleich, die Reichen wie die Armen, die Freien wie die Geknechteten. Dann aber kommt der Morgen, das Erwachen -, das Erwachen eines Sklaven.

Und die Fron beginnt, gleich ob es regnet, ob die Sonne scheint, ob es schneit, friert oder stürmt. Die Muskeln anspannen, den Körper anstemmen, ziehen, laufen!

Wer zieht? - Wer läuft? - Wer bricht zusammen, stürzt, liegt im Staube, röchelt, verröchelt nach jahrelanger Fron? Ein Sklave. Ja, ein Sklave im 20. Jahrhundert.

Die Leute auf der Straße bleiben für einen Augenblick stehen, schauen hin - fast wohlwollend überlegen, wenden sich dann von dem unglücklichen Geschöpfe ab, wenden sich mir zu, denn sie hörten, dass ich sagte: „Ein Sklave." Und jemand lächelt verbindlich:

„Sie belieben zu scherzen - es ist nur ein Pferd."

Nur ein Pferd... Jahrelang hat dieser Sklave für seinen Herrn geschafft, hat vielleicht ihn und seine ganze Familie mit ernährt. Ohne seine Arbeit hätten sie kein so gutes Leben gehabt. Und nun, nun liegt dieser Wohltäter, der vor Hunger beschützte, am Boden, dieser Freund, röchelnd, sterbend.

Der, dem die Wohltaten erwiesen waren, er steht neben ihm. Siehst Du Tränen in seinen Augen? Siehst Du seine Lippen beben und ergriffene Worte stammeln?

Ja - die Lippen beben und die Worte, die ergriffen gestammelt werden, sind: „Verflucht noch einmal, jetzt muss ich ein neues Pferd kaufen!"

Das ist die Erschütterung - die Trauer - das ist die Dankbarkeit dem Wesen gegenüber, welches mehr als ein Jahrzehnt die schweren Lasten zog, die man allein nie fähig wäre zu schleppen, der Dank für ein

Geschöpf, das über ein Jahrzehnt lang das Brot mitverdiente. Hier liegt er nun, stirbt, haucht sein wohltätiges Leben aus - der Sklave. Ein Kind steht daneben und weint. Die Mutter fasst es bei der Hand:

„Nun sei doch still - wer wird denn gleich weinen! - Es ist doch nur ein Pferd.“

Fast jedes Pferd hat ein ähnliches Schicksal - zwar nicht alle brechen zusammen, manche bleiben rüstig, bis ins hohe Alter.

Dann aber geht es nicht mehr recht mit dem Ziehen der Lasten, sie müssen kleiner sein, die Straße darf nicht so steil hinangehen und das Traben will nicht mehr recht gelingen. Der Atem wird schwächer, spärlicher, die Füße steifer, der ganze Körper knochiger - wie das eben beim Altern ist.

Ja, der Sklave ist gealtert, vor der Zeit gealtert und verbraucht. Aber noch steht er ganz fest auf den Beinen, noch zieht er eine leichte Fuhre, noch schmeckt ihm sein Klee, sein Hafer.

Der Mann, der seine Kräfte verbraucht hat, ist neben ihm und betrachtet, die Pfeife im Munde, die gichtigen Bewegungen des Alten. Dann schiebt er die Pfeife in den anderen Mundwinkel und sagt zu seinem Sohne:

„Auch bald Zeit, ihn zum Schinder zu schaffen, den Hans - nächste Woche vielleicht. Zahlen wird der zwar kaum was für den alten Klepper.“

Das ist sein Dankesgefühl dem rüstigen alten Sklaven gegenüber. So lehrt der Vater den Sohn, dankbar zu sein, lehrt es ihn in den „kleinen", so großen Dingen.

Aber wenn dann später der treue Arbeitskamerad fortgeführt wird, zum Sterben, zum Getötetwerden, dann zerdrückt vielleicht sogar auch der Vater eine Träne, die er gerne sehen lässt, dass alle sein gutes Herz rühmen.

„Ja, der Hans, der gute alte Hans - was für ein treues Tier, so eines bekommen wir nicht gleich wieder! und jetzt müssen wir ein anderes Pferd kaufen - o diese Ausgabe!" Der Seufzer, der folgt, ist echt und tief.

Was hat man dem Sklaven bereitet, sein Leben zu verschönen - was hat man ihm als Gegengabe für die viele Kraft geboten, die er schenkte? - Nichts - nichts. Schläge vielleicht.

Aber was hätte man ihm auch schon geben sollen? Ein Stückchen Land - einen kleinen Flecken Weide, auf dem er abends hätte sein können und sehnsüchtig in die Fernen träumen - solch ein winziges Stückchen Erde als Erholung nach dem schweren Arbeitstag, ein paar Quadratmeter Wiese statt der dumpfen Ecke im Stall.

Da sind Pferde, welche auf großen Gütern arbeiten. Die Hand voll Heu und Hafer, die sie im Alter nötig haben, spielt in dem gesamten Haushalt keine zu erhebliche Rolle. Aber ... man gibt sie ihnen nicht. Die Plätze, an denen ein Pferd-Sklave im Alter sein Brot in Frieden essen darf, sind zu zählen. Wo aber so etwas geschieht, wird es weit in der Umgebung erzählt, wie eine Legende fast geht es von Mund zu Mund. Es ist, als wohne auf solch einem Hofe ein weißer Rabe: - die Güte. Denn wir Menschen finden es verwunderlich, wenn wir das Gute vergelten, das wir empfangen haben - und es wird als ein großes Ereignis verbucht, wenn wir gar noch besser handeln, als man an uns tat.

Doch, ich will Dich an einen anderen Sklaven erinnern, an einen, der kein Gewicht zu tragen vermag, keine Last zu ziehen: der Vogel im Käfig.

Ihm, dessen Schwingen der unendlich weite Raum der Lüfte gehört, der von Land zu Land fliegt - wie es nur unsere Gedanken vermögen -, ihn sperren wir in engen Raum, kaum breit genug, dass er seine Fittiche auspanne, geschweige denn weit genug, um zu fliegen.

Und unsere zarten und seelenvollen Frauen nennen den Gefangenen ihren Liebling -, sie lassen die Stäbe seines Gefängnisses vergolden und streuen ihm mit eigener, gepflegter Hand Körner. Sie wollen nicht daran erinnert sein, dass es ihr Gefangener ist, der ihnen aus Sehnsucht und Schmerz sein Lied singt. Sie lauschen den Tönen voll Genuss, finden es herrlich, und es ist ihnen ein schöner Zeitvertreib. Ihre Seele wird nicht erfasst vom Verstehen des Leides und der Sehnsucht ihres Gefangenen, ihre Seele bleibt trotz des ergreifenden Liedes stumpf.

Doch nicht immer. Es kann sein, dass Leid auch zu ihnen kommt, in irgendeiner Gestalt. Dann vergleichen sie sich selbst mit einem gefangenen Vogel und ihren Schmerz, ihre Sehnsucht mit seinem Liede. Sie finden das poetisch, betrachten gerührt ihren singenden Sklaven, hauchen: „Ich bin gefangen, wie du! Oh, wie ich leide! Oh, die Qual, der Schmerz - oh, diese Sehnsucht!" Und sie vergießen nutzlose Tränen. Ihr Schmerz ist nicht einmal tief genug, um zu entdecken, dass es in ihrer Hand liegt, das Los des Sklaven zu wenden, wenigstens ihm die Sehnsucht zu stillen und den Schmerz. Ein kleiner Griff der zarten Hand nur, und der Unglückliche ist frei und glücklich, dieser Sklave, der einst aus dem Wald gebracht wurde, als ein Gefangener.

Während ich Dir das schreibe, ist es mir, als sähen mich Augen an, die des treuesten Menschenfreundes, die seines fast freiwilligen Sklaven, die Augen des Hundes.

Auch seine Blicke klagen, erzählen von Gewalttat, sprechen von üblem Lohn.

Und ich sehe ihn, den Treuen, den Immer-Bereiten ein Leben lang an die Kette geschmiedet, in einem Fasse wohnend, das mit dumpfem Stroh gefüllt ist -

sehe ihn sich von den vorgeworfenen Abfällen nährend.

Kommt dann das Alter, fallen die Zähne aus, nach der Dienstzeit langer Jahre - dann... Dann erhält er den „Gnaden"-Schuss, oder etwas Gift in seine Schüssel. Das ist der Dank des Menschen an den, der ihm zehn Jahre lang Haus und Hof, Frau und Kind, Gut und Leben behütete und alle Schätze, die sein waren. Ein Gnadenschuss - ein paar Tropfen Gift.

Und das Erschreckende ist: dies zu tun, so zu handeln, ist eine landsübliche Norm, ist keine Ausnahme, nein, „man" macht das so, wenn ein Hund alt wird.

Zwei Geschichten will ich Dir erzählen. Ich habe sie aus dem Munde derer gehört, die ihre treuesten Freunde so hinscheiden ließen.

In einem Hause wurde bei Tisch davon erzählt, dass man den alternden Caro jetzt doch töten lassen solle, und zwar heute noch, denn er begann nun auch noch blind zu werden - welch eine Last!

Es wurde darüber in Gegenwart des Hundes gesprochen. Man sollte das nie tun. Tiere verstehen mehr als wir meinen, wenn auch nicht die Worte, so doch sehr oft ihren Sinn. Als man Caro später rief, ihn liebkoste und zum Ausgehen einlud, ging es in der Familie nicht ohne Tränen ab. Caro presste sich an alle, innig, als wolle er Lebewohl sagen - dann folgte er seinem Herrn.

Als das Tor des Hauses sich hinter Herr und Hund geschlossen hatte und beide schon ein kleines Stück Weges gegangen waren, kehrte der treue alte Caro noch einmal zurück, ging zur Tür, richtete sich auf, leckte die Klinke des Hauses, das ihm so lange Zeit Heim war und gab einen langen klagenden Laut - dann ging er wieder zur Erde nieder, sah das Tor wehmütig an, diese Pforte, die ihm nun die Rückkehr verwehrte, die ihm das Leben verschloss. - Und dann folgte er seinem Herrn - zum Tode.

Und sein Herr - jener Mann, der mir das erzählte - hatte den Mut, seinen Hund, diese feinfühlende Seele, ruhig weiter zur Schlachtbank zu führen.

Ja, Caro war eben sehr alt gewesen und hatte begonnen blind zu werden ...

Ich sah den Mann an. Ob er nie alt werden würde? Ob es unmöglich war, dass auch er einst langsam erblindete? Würde man auch ihn dann... Einer Dame, der ich darüber sprach, riss die Geduld, empört rief sie aus:

„Aber Sie freveln! - Sie vergleichen einen Menschen mit einem Hund!"

Ein anderer Freund des Menschen, auch ein lieber Hund, hatte ebenfalls von seinem Tode gehört, beim Mittagessen war davon gesprochen worden, wie das so üblich ist.

Nach dem Mahle ging er von einem zum anderen, leckte jedem die Hände, was sonst nicht seine Art war - ganz als wolle er sie küssen. So nahm er Abschied von allen. Dann aber lief er in den Garten. Dort war bereits sein Beerdigungsplatz ausgeschaufelt. Mutig, wie nur Treue sein kann, sprang er in sein eigenes Grab, legte sich mitten hinein, den Kopf auf den vorgestreckten Vorderpfoten ruhen lassend und mit stummen traurigen Augen vor sich hinschauend, so lag er und war bereit. Kein Locken rief ihn mehr heraus - er wartete auf den Tod.

Und das Ende kam - sein Herr nahte mit der Flinte. Der Hund sah ihn ruhig und verständig an und - der, dem seine Treue galt, schoss ihn tot.

Das hat mir der Mann ja selber erzählt, ganz nüchtern. Halb tat es ihm noch leid. Aber - ein alter Hund, der krank wird ...

Wenn sein Sohn auch so dächte, einmal, wenn des Vaters Alter kommt?

Ich glaube: solange man Tiere tötet und quält, wird man Menschen töten und quälen - solange wird es auch Kriege geben - denn das Töten will geübt und gelernt sein im kleinen, innerlich wie äußerlich.

Ich finde es unnötig, sich über das zu entrüsten, was andere an kleinen oder großen Greueln und Grausamkeiten tun - aber ich finde es sehr nötig, dass wir beginnen, uns da zu entsetzen, wo wir selbst im großen oder im kleinen noch grausam handeln. Da es leichter ist, das Kleine zu erringen als das Große, so denke ich, wir sollten versuchen, unserer kleinen gedankenlosen Grausamkeiten Herr zu werden, sie zu vermeiden oder besser noch: sie zu unterlassen. Dann wird es uns eines Tages nicht schwerfallen, auch unsere großen Herzlosigkeiten zu bekämpfen und zu besiegen.

Aber wir alle schlafen noch im Herkömmlichen. Das Herkömmliche ist wie eine schmackhafte, fettige Soße, die uns unsere eigenen selbstsüchtigen Gefühllosigkeiten schlucken lässt, ohne dass wir ihren bitteren Geschmack verspüren. Doch ich will nicht mit Fingern deuten auf den und die - nein, ich will mich selber wach machen im kleinen und beginnen, verständiger, hilfreicher und besser zu werden. Warum sollte es mir dann später nicht auch im großen gelingen?

Siehst Du, das ist es: ich möchte hineinwachsen, hineinleben in eine schönere Welt mit höheren, beglückenderen Gesetzen, mit dem göttlichen Gesetze aller Zukunft: alles zu lieben.

Siehst Du, das ist es: Ich möchte hineinwachsen, hineinleben in eine schönere Welt mit höheren, beglückenderen Gesetzen, mit dem göttlichen Gesetze aller Zukunft: alles zu lieben.

Zwei Bücher

ISBN 978-3-9804617-4-0

Reportagen, Hintergründe, Alternativen und Hilfestellung. Die Botschaft des für seine schonungslosen Dokumentarfilme berühmte Manfred Karremann lautet: „Jede/r von uns kann Tiere schützen, jeden Tag. Ohne Mühe oder Verzicht. Tierschutz macht Freude, und bewahrt auch die eigene Gesundheit vor Schaden.“ Sein Buch zeigt an vielen Beispielen, was wir alle tun können, um Tierleid zu verhindern, bzw. künftig zu vermeiden. Und das mit ganz einfachen Mitteln.

Weitere Informationen unter www.veggiswelt.de

zum Weiterlesen!

ISBN 978-3-9811760-0-1

Dieses Buch zeigt Ihnen, wie Sie vom Fleischessen wegkommen und sich vegetarisch ernähren können. Es gibt viele Hinweise zur Ernährung, hilfreiche Tipps, wie Sie sich als Vegetarierin oder Vegetarier mit Ihrem gesellschaftlichen Umfeld arrangieren können und wie Sie sich in Situationen durchzusetzen vermögen, in denen das Fleischessen noch dogmatisch betrieben wird.

Weitere Informationen unter www.veggiswelt.de

Über den Autor

Edgar Kupfer wurde am 24. April 1906 auf dem Gut Koberwitz in Schlesien geboren. Später nahm er den Künstlernamen Kupfer-Koberwitz an und verfasste Gedichte sowie Beiträge für Zeitungen und Zeitschriften. 1934 musste er vor der Gestapo nach Paris flüchten, wo er sich zunächst mit Handweben durchschlug. Im Auftrag eines deutschen Reiseunternehmens zog er 1937 auf die italienische Insel Ischia, mit der Anweisung, diese für den Tourismus zu erschließen. Dort wurde er 1940 denunziert, weil er sich angeblich abfällig über das deutsche Regime geäußert hätte. Am 11. November 1940 wurde er daraufhin mit dem Zug ins Konzentrationslager Dachau deportiert, wo er bis zur Befreiung durch die Amerikaner im April 1945 unter menschenunwürdigen Bedingungen ausharren musste. Während seiner Gefangenschaft schrieb er heimlich und unter ständiger Lebensgefahr an seinen später als Buch erschienen „Dachauer Tagebücher", wofür ihm aber später der Erfolg weitgehend verwehrt blieb. Nach dem Krieg lebte er sieben Jahre in den USA und später einige Zeit auf der Insel Sardinien. Am 7. Juli 1991 verstarb Edgar Kupfer-Koberwitz 85-jährig in einem anthroposophischen Pflegeheim in der Nähe von Stuttgart.